SAN DIEGO DE ALCALÁ

TEATRO DEL SIGLO DE ORO
Ediciones críticas 14

Dirigidas por KURT Y ROSWITHA REICHENBERGER
En colaboración con DON W. CRUICKSHANK / ALBERTO PORQUERAS

Lope de Vega

SAN DIEGO DE ALCALÁ

A critical and annotated edition by

THOMAS E. CASE

Kassel Edition Reichenberger 1988

ISBN 3-923593-58-9
Dep. Legal Z-2254-87

Illustrationen: Theo Reichenberger
Gesamtherstellung: INO-Reproducciones, S.A. - Zaragoza (Spanien)

TABLE OF CONTENTS

INTRODUCTION

1 THE LIFE OF SAN DIEGO DE ALCALÁ

Today, San Diego de Alcalá is one of the least known on the list of saints of the Roman Catholic Church[1]. In the sixteenth and seventeenth centuries, however, he commanded a large following in the Hispanic world and many parishes and communities were named in his honor. In 1602, Sebastián de Vizcaíno, sailing in the *San Diego*, gave the name to a bay in California. Later, in 1769, Fray Junípero Serra established there the first, of the missions of the Franciscan Order in Alta California. In time, these humble beginnings produced a large city. Few people who work and live in the city of San Diego know anything about the saint.

Much of the life of San Diego de Alcalá is shrouded in mystery and legend. He was born in the poor farming community of San Nicolás del Puerto, situated about 80 km north of Seville, in 1400[2]. Because of their devotion to St. James the Apostle, his parents named him Diego[3], a popular form of Santiago. Diego, which comes from the medieval Latin *Didacus* (the name in English, German, and other languages), is usually translated as James nowadays, and San Diego is sometimes confused by the uninformed with the name Santiago, the Apostle St. James, the son of Zebedee and patron saint of Spain[4]. As a young boy, Diego showed

---

1 The earliest work on the life of San Diego appears to be the epic poem, *Vida, muerte y milagros de S. Diego de Alcalá en octava rima* by the poet, Padre Gabriel de Mata (Alcalá, 1589). Most informative is Padre Melchor de Cetina, *Discursos sobre la vida y milagros del glorioso padre San Diego, de la orden del seráfico padre S. Francisco* (Madrid, 1609). Other sources are Moreno de la Rea, *Vida de San Diego* (Cuenca, 1602), and the entry for November 12 in *Flos sanctorum* by Padre Pedro de Rivadeneira (Madrid, 1599).

2 No precise date is known for his birth. Melchor de Cetina, *Discursos*, fo. 6v, gives 1404. Later, when describing his death in 1463, he states he was 63 years old (fo. 131v).

3 Melchor de Cetina, fo. 7r.

4 There has been much controversy and confusion over the name *San Diego*. For a clear etymological and historical explanation, see Etta Florence Adair, "'San Diego' Means 'St. Didacus,' not 'St. James,' Research Reveals," *San Diego Union*, Nov. 15, 1942. Arthur Frederick Ide, "San Diego, the Saint and the City," *Journal of San Diego History*, XXII, No. 4(1976), 22-25, also traces the origin of the name *Diego* to *Didacus*, and relates the latter to the Greek word Διδαχή (teacher), which the congregation in charge of his beatification considered because Diego exemplified a "teacher of Divine

exceptional piety. When he reached maturity, he left his parents' home
to live and serve a hermit in the district. To feed and support themselves,
the two holy men grew vegetables and carved objects of wood, such as
spoons and bowls, using what they needed and selling the rest to give
as charity to the poor. Diego did not have the opportunity to study nor
did he aspire to the priesthood. The Observantine Rule of the Franciscan Order was spreading throughout Europe at the time[5]. The young
Diego heard of it and desired to enter the Franciscan Order and to be
a part of the new reform. He entered the Convent of San Francisco de
Arrizafa, near Córdoba, taking the habit of a lay brother.

While no dates are available for the events of the early part of Friar Diego's life, we can assume that approximately the first forty years were
spent in his home province of Andalucía. During this period, Castile
was evolving rapidly toward the formation of a modern state after the
terrible convulsions and civil wars of the previous century. To its south
lay the Moorish emirate of Granada, the last stronghold of Islam on the
Iberian Peninsula. The Moors had invaded Spain in 711, at that time
ruled by the unstable Visigoths since the fifth century. In the eighth,
ninth, and tenth centuries, the Moors either governed or otherwise con-
troled most of Iberia. In the eleventh century, internal dissension and
the growing military power of the Christians to the north began to
reduce their hegemony to just Southern Spain until only Granada was
left in their hands. In 1492, the last of the Moors were finally conquered
and the political union of modern Spain was complete. The beginnings
of the Spanish Empire had been spawned earlier, first by the Aragonese
in the Mediterranean, and then by the Castilians in the Canary Islands.
It is important to remember that during the Reconquest, Christian
Spain always considered evangelization as an integral part of military

---

Precepts". In Spanish literature, *San Diego* often was a popular form for *Santiago*. See
Rodríguez Marín, ed., *Don Quijote* (Madrid: Atlas, 1947-49) VII, 274. Melchor de
Cetina includes a nice contrast between the two saints: "Los Catolicos Reyes de España,
imitando este espíritu y deuocion, entre otros patrones tienen particularmente dos Die-
gos, el vno para la guerra, y el otro para la paz: de Santiago fian las vitorias de los ene-
migos, y el sabe dar tan buena cuenta dellas, que en abito de cauallero armado de punta
en blanco, y sobre un fuerte cauallo, ha sido visto venir en nuestra ayuda, y con ella
alcançar vitoria; y a San Diego le encomiendan la salud de los cuerpos, y de las almas".
(fo. 117v).
5 The Observantine Reform began in the late fourteenth century. The majority of the
followers were lay brothers. Their wish was to observe strict rule as set down by St.
Francis. The most of them could neither read nor write. See Father Raphael M. Huber,
A Documented History of the Franciscan Order (Milwaukee, 1944), p. 283.

occupation. In company with, but sometimes in opposition to, the soldiers were the religious missionaries, usually Dominicans (founded by the Spanish saint, Domingo de Guzmán) and Franciscans, but there were other orders as well (the Jesuits were not founded until well into the sixteenth century). San Diego was to be a part of this imperial evangelization in the first phase of what was to become the Spanish Empire.

In 1441, Friar Diego left Sanlúcar for the Canary Islands, occupied since 1403 by Castile[6]. In this same company of Franciscan friars was the famous preacher and theologian, Juan de Santorcaz. Once on the island of Fuerteventura, Friar Diego trudged to the convent there and planted a heavy wooden cross at the door. Although he was only an illiterate lay brother, he was elected guardian of the community. His zeal as a penitent friar was limitless, and he was known for his strict exercise of mortification of the flesh, prayer, fasting and charity. Some miracles are attributed to him on the island. He was present when the Virgen de la Peña was discovered. Because of his love of Christ, he longed to be a martyr for his faith. He wished to found a mission on another of the islands, la Gran Canaria. An expedition was formed and set sail. Friar Diego was denied his wish. The ferocity of the natives on la Gran Canaria was so great that the captain of the expedition would not allow anyone to land. The ships returned to Fuerteventura. Friar Diego had to be restrained forcibly.

Friar Diego was ordered back to Spain in 1449 where he was first assigned to the Convent of Nuestra Señora de Loreto, near Seville. He was then transferred to a convent at Sanlúcar de Barrameda. In 1450, he traveled to Rome, where he joined three thousand eight hundred other friars of the Franciscan Order to celebrate the holy jubilee convoked by Pope Nicholas V on the occasion of the canonization of St. Bernardin of Siena. In the course of the jubilee, the plague struck the Eternal City. The convent of Ara Coeli, where many of the Franciscan pilgrims were staying, soon became a large hospital and morgue. Friar Diego's companion, Friar Alonso de Castro, fell victim. After Friar Diego nursed him back to health, the guardian of the convent placed him in charge of the infirmary. After thirteen weeks in Rome, Friar Diego returned to Spain, first to Seville, then to Alcalá de Henares, where he was sent to serve in the convent of Santa María de Jesús. At that time, reconstruction of the convent was being undertaken under the direction of the Archbi-

---

6   For details of the life of San Diego in the Canary Islands, see José de Viera y Clavijo, *Historia de Canarias*, 3 vols. (Santa Cruz de Tenerife, 1950), I, 382-392.

shop of Toledo, don Alonso Carrillo. Except for a few days he spent
at the convents of Valdemorales and of Nuestra Señora de la Salceda,
in Castile, Friar Diego remained in Alcalá de Henares until the end of
his days. He died on November 12, 1463, as a result of an abscess on
his arm.

The people of Alcalá, Seville, and Fuerteventura believed Friar Diego a
saint long before his death. The fame of his simple piety and his warm
charity to the poor had spread far and wide. After his death, many miracles were reported in his name. King Enrique IV of Castile claimed he
was cured of an injured arm after touching the arm of the corpse of Friar
Diego. The holy remains of the friar did not undergo rigor mortis and
remained incorrupt. It is said that it gave forth a pleasant odor. It was
buried only four days. The pious people of the region kept scraping
away the dirt over the grave to save as relics. The body was disinterred
and was thereafter kept in a coffin in the Chapter House of the convent.
The most notable miracle attributed to his favor is the cure of don Carlos, the unfortunate son of Felipe II[7]. In 1562, the young prince was
seventeen years old and was studying in the university city under the
supervision of Archbishop Carranza. One night, the sickly Carlos was
descending a dark staircase in the archbishop's palace with the intention
of keeping a rendezvous with the concierge's daughter. In the darkness,
he fell on his head. The resulting concussion brought him to a critical
state and the doctors, having exhausted all medical means, gave him
only a few hours to live. The one-hundred-year-old cadaver of Friar
Diego was placed next to him. That night the prince dreamt of the friar,
who appeared to him with a reed cross in his hand, assuring him he
would recover. The following day, don Carlos showed improvement.
After a few weeks, he was up and about. His father, Felipe II, pressed
the Vatican to expedite the investigation leading to the possible canonization of Friar Diego. Pope Sixtus V, also a Franciscan Observant, entered the name of San Diego de Alcalá in the Book of Saints on July 2,
1588. A large celebration took place in Alcalá de Henares on April 10,
1589, with the royal family in attendance.

Only fourteen years after the canonization of San Diego, Sebastián Vizcaíno renamed a landing called San Miguel in honor of his patron, San

---

7   For an account of this curious story, see William H. Prescott, *History of the Reign of
    Philip the Second King of Spain*, 2 vols. (Boston, 1855), 517-520; and William T. Walsh,
    Philip II (London, 1937), pp. 324-336.

Diego[8]. San Diego de Alcalá has been revered by millions of followers in the past five centuries. Scattered throughout the Hispanic world are statues and paintings of his figure, and here and there a church that bears his name. There are many famous paintings executed by the masters of the seventeenth century. Zurbarán was commissioned to paint three, and Murillo, early in his career, painted a series on the life of San Diego for the Franciscan convent in Seville. Ribera also painted the saint, and the sculptors Gregorio Fernández and Alonso Cano have left us their interpretations in statues.

As far as we know, the only play written on the saint is this one by Lope de Vega.

---

8   See Arthur Frederick Ide, pp. 23-24.

2 LOPE DE VEGA AND «SAN DIEGO DE ALCALÁ»

Lope de Vega was born in Madrid in 1562, the son of Félix de Vega, an embroiderer, and Francisca Fernández Flores[9]. While information concerning his education is scant and unreliable, he himself states that he attended first the Jesuit Colegio de los Teatinos, and later the University of Alcalá de Henares, although there is no evidence he ever received an advanced degree there. As a young man, he was energetically involved in various love affairs, in the writing of poetry and plays, and in a sometime career as a soldier. In 1583, he took part in the military expedition to the Azores, and, although it is by no means certain, in the unsuccessful Armada against England in 1588, in which his brother, Juan, lost his life[10]. In 1588, he ended his notorious love affair with a married woman, Elena Osorio, the daughter of a theater director, Jerónimo Velázquez, and because of some libelous verses directed against the Velázquez family, he was sued, found guilty, and exiled from Castile for two years and from Madrid for eight. Also in 1588, he married doña Isabel de Urbina, and moved to Valencia. Allowed back in Castile in 1590, Lope resided in Alba de Tormes serving as secretary to don Antonio de Toledo y Beamonte, fifth Duke of Alba. There, after losing one daughter, Isabel died in 1594 giving birth to another, who also died immediately. Lope was permitted to return to Madrid the following year, and in 1598 he married Juana de Guardo, the daughter of a meat and fish merchant. This same year he began his love affair with the actress, Micaela de Luján, which was to last eight or nine years and produce seven children. For many years, Lope lived and traveled about different parts of Spain and maintained temporary residence in Toledo and Seville. In 1610, he decided to live permanently in Madrid and purchased a house on Francos Street. It was his hope, besides his work in the theater, to obtain some sort of government position, especially the post

---

9   There are many good biographies of Lope de Vega. The most complete is by Hugo Rennert and Américo Castro, *Vida de Lope de Vega*, 2nd ed. (Salamanca: Anaya, 1968); useful are Alonso Zamora Vicente, *Lope de Vega*, 2nd ed. (Madrid: Gredos, 1971), and in English, Francis Hayes, *Lope de Vega* (New York: Twayne, 1967).

10 Rudolph Schevill, "Lope de Vega and the Year 1588," *Hispanic Review*, 9 (1941), 65-78, doubts Lope actually took part in the Armada.

of Royal Chronicler, and the habit of one of the major military orders, namely Santiago, Calatrava, Alcántara or Montesa[11]. He had served by this time several noblemen in the capacity of secretary. In 1605 he had begun his service to the Duke of Sessa. His association with this courtier, who was often out of favor, along with his personal life tinged with scandal, stirred up opposition in some Court circles. In spite of his efforts, Lope never received a government sinecure nor the habit of one of the Spanish orders[12]. A dramatic turn in his life occurred in 1613 when his beloved son, Carlos Félix, became fatally ill and died in the spring. This tragedy was followed by another, the death of his wife, Juana, in August while giving birth to a daughter, Feliciana. Lope fell into a deep depression and regretted sincerely the sins of his more than fifty years of frivolous living. He attempted to reform himself through religious devotion and study, all which culminated in 1614 in his receiving Holy Orders in Toledo. In spite of this spiritual renewal and fresh state in life, he soon began to fall back on his old ways. His love affairs started up again. His most tempestuous involvement was with a married woman, Marta de Nevares, who presented him with a daughter, Antonia Clara, in 1617. Lope deeply loved Marta, but their association, as can be expected, was extremely complicated, even though she was left a widow in 1619. After 1621, they were merely "good friends," and matters remained that way until her death in 1632. Meanwhile, our playwright was very busy writing for the stage and composing novels and poetry as well. He undertook the task of raising his surviving children: Lope and Marcela, his offspring with Micaela de Luján, and Feliciana and Antonia Clara. Marcela later became a nun and took her vows in the convent of the Trinitarias, near the family home on Francos Street. Lope followed the career of a soldier and was killed in a shipwreck in the Caribbean. Antonia was abducted in 1634, after which she was unable to recover her good name. Feliciana married and remained in the house on Francos Street until 1674. Lope continued his incredible literary output in his later years, although he was broken by his many literary disappointments, the personal attacks on his private life, the often ungrateful attitude of the public, the government, and his patron,

---

11 See Henry Bershas, "Lope de Vega and the Post of Royal Chronicler," *Hispanic Review*, 31 (1963), 109-17.
12 In 1627, Pope Urban VIII honored Lope with the Cross of the Order of San Juan for his poem *La corona trágica* in defense of Mary Stuart. Lope then added *frey* to his name because he belonged to this order.

the abduction of Antonia, and the typical Spanish *desengaño* of the period. He died on August 27, 1635, and was buried in the Church of San Sebastián in Madrid.

Lope de Vega enjoyed great fame and popularity during his lifetime. His life itself reads like a fascinating novel, full of adventure, success stories and romance. He is perhaps the most prolific writer in history. He authored several long poems, among which figure his favorite, *La Jerusalén conquistada*, and others, like *La hermosura de Angélica* and *La gatomaquia*, and novels, such as *El peregrino en su patria* and his partly autobiographical *La Dorotea*. He prided himself particularly on his lyric poetry, and he certainly ranks as one of the most inspired and accomplished masters of the baroque period. Most of his lyric poetry is spread out through his plays, but he also published several separate volumes of verse. It is his theater production that is staggering. His total production will never be known. One estimate ranges as high as 1800 full-length plays, but the real sum is probably lower[13]. There are approximately 470 plays attributable to him today, although only 320 are recognized as definitely his. Forty of his manuscripts have survived. It is true, and should be expected, that while he wrote voluminously, most of his plays were hastily composed and as a result are flawed and artistically uneven. Lope is credited with having founded the modern *comedia*. It is he who reduced the number of acts to three, modified its themes and modes, and gave it its definite form, which remained the standard for over a century. A true man of the popular theater, he knew both how to satisfy the public's taste for romantic and adventurous action and to portray Spanish life and customs of his day. He wrote plays of all kinds: historical, pastoral, mythological, social ("*capa y espada*"), *autos sacramentales*, and others, depending on the critics' method of classifying them. In his formulation, the *comedia* was always in

---

13 The high figure comes from Juan Pérez de Montalbán in his *Fama póstuma* (1637), the first biography of Lope. Lope had boasted in his autobiographical *Egloga a Claudio*:

> *Mil y quinientas fábulas* admira,
> Que la mayor el número parece;
> Verdad que desmerece
> Por parecer mentira,
> Pues más de ciento, en horas veinticuatro,
> Pasaron de las musas al teatro.

> (BAE, 38, 437)

See speculations by S. Griswold Morley and Courtney Bruerton, "How many *Comedias* did Lope de Vega Write?" *Hispania*, 19 (1936), 217-34.

verse, and different kinds of versification were employed for the varying moods and types of scenes. As Lope recommended in his *Arte nuevo de hacer comedias*[14]:

> Acomode los versos con prudencia
> A los sujetos de que va tratando.
>
> (vv. 305-06)

The *comedia* was accompanied by music and often there were dancing and acrobats. As an art form, the stage of the Siglo de Oro preserved a treasurehouse of culture which would have otherwise been lost[15]. It can also be said without hesitation that Lope de Vega was an age unto himself, and in number of works and in his diversity, he surpasses the artistic production of many countries.

In studying the texts of the *comedias*, Lope de Vega's and of others, there are many problems. The early stage was an active genre, but in some ways it was not yet considered a part of literature. Playwrights wrote their scripts without thinking of future publication. It was not until the second decade of the seventeenth century that plays written for stage production began to be printed in large numbers, replacing to some extent the novel as popular reading[16]. This means that a good part of the theater production of the sixteenth century and many of Lope's plays have been lost forever. The early publication of plays presented its own difficulties. Because he was upset with the false attribution of his name to works he did not write and with the mangled versions the booksellers were publishing, Lope decided to print some of his plays on his own. Printing plays was not his vocation, but as he expressed to his friend, Claudio Conde:

> Mas ha llegado, oh Claudio, la codicia
> A imprimir con mi nombre las ajenas,
> De mil errores llenas[17].

---

14 All are references are from the edition by Juana de José Prades (Madrid: CSIC, 1971).

15 Cf. "Sin el opulento teatro de Lope no conoceríamos la lírica tradicional en toda aquella extensión que le hemos señalado como característica; no tendríamos idea de su gran variedad en cantos de fiesta y de trabajos, de alegría y de dolor, o de devoción religiosa. Y Lope no sólo nos da multitud de esos cantos, sino que como ningún poeta dramático, nos transmite la vida misma que nos producía el modo de corearlos y el estrépito y algazara de las fiestas en medio de las cuales la poesía brotaba". R. Menéndez Pidal, *Estudios literarios* (Madrid, 1925), p. 342-43.

16 See Marcos Morínigo, "El teatro como sustituto de la novela en el Siglo de Oro," *Revista de la Universidad de Buenos Aires*, 3 (1957), 41-61.

17 BAE, 38, 431.

Between the years 1617-1625 he supervised the publication of twelve *partes*, of twelve plays each, beginning with *Parte IX* and ending with *Parte XX*. For these issues he wrote some enlightening prologues and ninety-six dedications to different important personages of the time[18]. Since he did not have copies of the plays himself, he had to gather up what he could from the collections of certain noblemen, chiefly his patron, the Duke of Sessa. The texts were in horrible condition, and he had to correct and re-write many of them. In his dedication of *Santiago el verde*, he complained to his friend and poet, Baltasar Elisio de Medinilla: "Mis comedias andaban tan perdidas, que me ha sido forzoso recibirlas como padre y vestirlas de nuevo, si bien fuera mejor volverlas a escribir que remediarlas"[19]. The text of another play, *El dómine Lucas*, was in such bad shape, he had to cry out: "...halléla en esta ocasión pidiendo limosna como las demás, tan rota y desconocida cual suelen estar los que salieron de su tierra para soldados con las galas y plumas de la nueva sangre, y vuelven después de muchos años con una pierna de palo, medio brazo, un ojo menos, y el vestido de la munición sin color determinada. Hice por corregirla, y bien o mal, sale a la luz con el nombre del mayor amigo"[20]. As one can see, even the plays Lope himself published, the integrity of the text is by no means assured. For the plays he never saw again, there is no guarantee that the text we have has much authenticity at all.

For the text of *San Diego de Alcalá*, the oldest version we have was published in the *Parte tercera de los mejores ingenios de España* in 1653, eighteen years after the death of its author. The autograph manuscript has been lost, and the *editio princeps* was most likely taken from some stage copy. Such copies suffered from the deletions and additions of stage directors, and then subsequent errors by the printer. However, given the theme and nature of the play, it probably was not staged often and perhaps few hands entered in to modify the original state. Lope de Vega did not remember *San Diego de Alcalá* when he wrote his list for the prologue of *El peregrino en su patria*[21]. There are no references to the

---

18 Thomas E. Case, *Las dedicatorias de Partes XIII-XX de Lope de Vega* (Madrid: Hispanófila, 1975).

19 Ibid., pp. 70-71.

20 Ibid., p. 172.

21 Oscar M. Villarejo, "Revisión de las listas de 'El Peregrino' de Lope de Vega," *Revista de Filología Española*, 46 (1963), 343-99, has convincingly shown that 1604 and 1618 are not *termini a quo* for any of the plays of these lists, and that 1597 and 1603 are the actual dates in which Lope wrote the prologues that contain the two listings. This fact seriously affects many dates, particularly the early ones, arrived at by Morley and Bruerton.

play's existence or to its staging. It was, after all, a *comedia de santos*, written for an occasion, maybe at the behest of a local committee. The *comedia de santos* constitutes a category of Siglo de Oro plays which the playwrights did not generally favor, because of the limitations it imposed on dramatic art. In blunt terms, it can be hack theater, as Elisa Aragone Terni seems to indicate: "Le commedie *de santos*, dicevo, erano nella maggior parte condizionate da determinate circostanze (canonizzazione, beatificacione, anniversari ecc.) e venivano a costituire, mi sembra, la più mercantile delle forme drammatiche e, al tempo stesso, la più ingrata per gli autori, specie quando si trattava piuttosto che di offerta, di domanda"[22]. We should keep in mind that Lope, it is assumed, wrote *San Diego de Alcalá* in 1613[23], precisely when he was undergoing a religious experience while still affected by the death of his son and his second wife, Juana. Even before, he had links with the Church: in 1608, he had become a *familiar del Santo Oficio de la Inquisición*, and the following year he became a member of the *Cofradía de los esclavos del Santísimo Sacramento*. In 1611, he had become a member of the Third Order of the Franciscans. Also in 1613, he was contemplating the priesthood, a state he embraced the following year. His verses of the time, some of the best sacred poetry anywhere, reflect the depth of his spiritual feeling. Certainly, he was preparing himself for some sort of outlet, artistic and emotional, at the time, and his knowledge of theology and the Bible, by no means confined to this period of his life but activated more than usual by his inner motivations and preparation for a religious state, surface in the play. In spite of the playwright's later relapse into love affairs, he maintained a certain religious fervor from 1613 to the end of his life[24]. All this should indicate religious sincerity and interest at the time he was writing the text of *San Diego de Alcalá*.

---

22 *Studio sulle "Comedias de santos" di Lope de Vega* (Firenze: Casa Editrice D'Anna, 1971), p. 56.

23 See Antonio Restori, "Sonetti dimenticati di Lope de Vega," *La Rassegna*, 34 (1926), 1644-65, and S. Griswold Morley and Courtney Bruerton, *Cronología de las comedias de Lope de Vega*, trans. María Rosa Cartes (Madrid: Gredos, 1968), p. 90.

24 It is hard to determine how deep this religious fervor was. His verses in *Rimas sacras* (1614) seem to demonstrate real religious feeling. Rennert and Castro think his sadness over the death of his son and wife was short-lived, and they conjecture: "El ingreso en la vida clerical fue para nuestro Lope una aventura más; el momento en que se decidiera a ello sería, sin duda, de honda emoción; pero luego su ánimo frágil continuó siendo gobernado por las circunstancias. Por otra parte, tampoco es lícito, para juzgar a Lope, tomar como punto de referencia una pretendida perfección en la costumbre de los clérigos; es cosa sabida que los curas y frailes del tiempo de Lope no imitaban precisamente en sus costumbres a los solitarios de la Tebaida." (*Vida de Lope*, p. 204).

The *comedias de santos* probably did not occupy a high place in the mind of playwrights like Lope de Vega, in spite of personal religious feelings and the popularity of the plays. Indeed, there are difficulties in classifying many of the so-called *comedias de santos* in the same group. Menéndez y Pelayo was one of the first to classify and then edit them together for the Academy edition of Lope's plays[25]. No one has approached this great scholar's magnificent contributions to the Spanish theater, and particularly to Lope de Vega, in erudition and research. However, his apparent criterion for grouping many plays together was subject matter. José F. Montesinos rightly has disagreed with this method[26]. Many plays, such as *La fianza satisfecha*, *La buena guarda*, *Lo fingido verdadero*, *Barlaán y Josafat*, *San Segundo de Ávila*, *San Isidro Labrador*, *El cardenal de Belén*, *El africano divino* are all substancially different in structure, poetic form, and religious and metaphysical theme from *San Diego de Alcalá*. At the same time, all these plays deal with the lives of saints. One of the tasks before us, therefore, is to classify and clarify this body of theatrical works of the Siglo de Oro.

In the simplest of terms, a *comedia de santos* relates the life of a saint. In many instances, there is no metaphysical or theological problem or principle to be demonstrated, as in, say, *La vida es sueño* of Calderón, or *El burlador de Sevilla* of Tirso de Molina. Most *comedias de santos* also differ considerably from plays based on the Bible, for example *La hermosa Ester*, although here the distinction is often more difficult to perceive. On the other hand, we could comfortably place a good number of the *comedias de santos* alongside the historical-legendary plays. Most of these also just tell a story, usually about some hero or king. In the case of a saint, the first act deals with his youth, the second with other events of his life, such as the entering a religious order, and the third demonstrates in many ways God's favor, by means of miracles and the like. The play then can end with the saint's death, considered in the true Christian sense of triumph over this world and its evils. This peculiar and happy dénouement is also possible in the case of the hero, who leaves this world after having successfully achieved fame through virtue and exploits. There is no tragic sense in this. Both the historical-legendary plays and the *comedia de santos* possess much of the epic mode.

---

25 In *Obras de Lope de Vega publicadas por la Real Academia Española*, 15 vols (Madrid: 1890-1913), vols. III, IV and V.
26 In his edition of *Barlaán y Josafat*, *Teatro Antiguo Español VIII* (Madrid: Centro de Estudios Históricos, 1935), pp. 189-95.

Their protagonists are men of superior caliber and the objective of the play is to inspire our admiration of their exemplary lives and deeds. Like the epic hero who performs great feats in the military arena, the saint is admired for his piety and humility, his victory over the devil, his miracles, his charity, and so forth. Steadfast as his prototype, the *caballero andante*, the *santo* goes through his world converting sinners and infidels by his purity and holiness in the same fashion as a knight conquers his enemies. He is, as Don Quijote would call him, a *caballero a lo divino*. The *comedia de santos* in Lope's repertoire is also distinct from the *auto sacramental*. While several *comedias de santos* share characteristics of the *auto sacramental*, such as some allegory (*Soberbia*, etc.), they usually have little or no doctrinal content. Both the religious play of theological theme, like *El burlador de Sevilla*, *El condenado por desconfiado*, or *La vida es sueño*, and the *auto sacramental* appeal to the intellect. The *comedia de santos* does it less; rather it attempts to add credence and dramatic intensity by appealing to the senses. Miracles and special stage effects, such as elevating the saint into the air during moments of ecstacy and the lowering of religious images and crucifixes, and emphasis on the humility and simplicity the saint are major components.

We repeat that the *comedia de santos* is a type of historical play. Usually the source is a religious chronicle on the lives of the saints, or simply popular legend. As in those plays dealing with the history of Spain, the *comedias de santos* had a plot whose basic episodes were known to the public. The dramatist was expected to respect and include many known miracles and holy incidents or otherwise he could incur the displeasure of the public and, possibly, the *cofradía* which was paying him. Lope knew only too well the restrictions and drawbacks of writing this kind of play. Generally, the saint's life was too uneventful as subject matter for a good drama[27]. In some respects, the *comedia de santos* appears to

---

27 Lope knew the limitations of dramatic material for plays. In one of his letters, he rejects a request for a play because of its poor dramatic situation. He states to the Conde de Lemos:

> Don Juan de Oquina me dixo que Vex.ª, Señor, mandaba que buscasse el sujeto de una comedia para la fiesta del Rosario; y he leído con particular atención el libro nuevo de sus milagros, y no le hallo poderoso a sustentar tres actos con invención bastante: allí atribuyen los padres dominicos la Batalla naval, digo sus vencimientos, a este día y mysterio. No creo que las tres naciones que pelearon, murieron de nuestra parte seis veces mil hombres, querrán que lo sea; pero finalmente, corre esta fama. Si a Vex.ª le parece bien, escribiráse, invocando su auxilio como a mayor Apolo. Si no, mande que se escriba al vuelo, con algunas moralidades, como se hizo

reflect earlier drama. Count von Schack understood this aspect of religious drama:

> It was not licit for him [Lope] to alter the character, fixed already
> and established with order to the nature of the subject and to the
> demands of the public; he was, therefore, obliged to give in to the
> desires of the spectators and, because of their veneration to the
> whole and to the details of each legend, to intertwine faithfully
> in his dramas all the deeds and anecdotes of the life of the saint
> who was to be the protagonist. It is important not to forget this
> indication in order to understand well his plays of this type. Only
> in this way will we be able to grasp how the poet himself, who
> shows in other works of his such a profound knowledge of the
> essence and conditions of any dramatic composition, can disre-
> gard these things in his religious plays to such an extent, as if he
> were just beginning to write the first rudiments of the art. It is
> also important to apply fair criteria to the examination of these
> works, to strive mentally to think and to feel in matters of reli-
> gion as the public who listened to them; not forgetting how much
> and how diversely religion penetrated the life of the Spaniards,
> and how the Church favored for its part this means of symboli-
> zing and presenting to the public all its dogmas. It is also neces-
> sary to instill new vigor in this world of faith, which almost
> already belongs to history, and to remember that the imagination
> of the people of the Middle Ages, working without rest, predo-
> minated in Spain almost to modern times, and which not only
> adorned and transformed in a thousand ways Biblical stories, but
> also had created with its legends a new domain of more varied
> forms and images... Only under this point of view can we unders-
> tand the essence of Lope's religious plays[28].

Count von Schack refers to all religious plays, without distinguishing
Biblical *comedias* from *comedias de santos*. His suggestion is to try to
return to the religious mentality of Lope's Spain in order to reach an
understanding of this phase of his theater. Time and changes in attitudes
toward life have made the *comedias de santos* a dated genre more than

---

para la Universidad de Salamanca *La Concepcion*, que tanto ha agradado en sus
Escuelas y aquí: que mi ánimo, no tiene con Vex.ª necesidad de abono para servirle
pues soy su hechura." Madrid, 6 de mayo de 1620, *Epistolario de Lope de Vega*,
ed. A. de Amezúa, 4 vols. (Madrid, 1935-43), IV, p. 53,. #431.
28 *Historia de la literatura y del arte dramático en España* (Madrid, 1887), III, 162-63.

any other aspect of Siglo de Oro theater. In spite of this drawback in appreciating its artistic nature, readers and critics of the twentieth century can, if they so desire, acquire the taste of another historical period and enjoy the charm of the past.

There are different types of religious plays and *comedias de santos*. Let us take a brief look at a few plays with resemble Lope's *San Diego de Alcalá*. These are *El serafín humano*, which deals with the life of Saint Francis of Assisi, *San Nicolás de Tolentino*, and *El rústico del cielo*. While each play possesses significant elements which differ from those of the others, certain patterns are similar in all four. In the first place, they all relate the lives of exemplary holy men in a linear fashion, using incidents of the life of the protagonist as the main steps in the plot, including religious growth, monastic life, cases of exceptional piety and charity, and miracles, some of which are dramatized before the public through the techniques of the stage director. The earliest of the four is *El rústico del cielo*, dated 1605 because of certain allusions to the royal family and the fact that the friar, whose life is the subject of the play, died in late 1604[29]. The other three were written approximately within two or three years of one another: *San Diego de Alcalá* in 1613, *El serafín humano* in 1610-15 (probably 1610-12), and *San Nicolás de Tolentino* in 1613-15 (probably 1614). In all four, the basic structure of the play is the same: the first act deals with the youth and early evidence of sanctity and religious vocation; the second involves minor dramatic conflicts from the life of the saint and incidents of religious life and of the order; the third act reveals the saint's life in its fullness, with miracles, even greater acts of humility and charity, and the death of the protagonist. Viewed together, the four plays practically tell the life of one man, one exemplary saint. The doctrinal element is not emphasized, and good exemple, accentuated by the presence of Christ, is demonstrated. By and large, there is little dramatic intensity, but there is a constant sentimental feeling which pervades the action at all points. Minor subactions are introduced to add to the dramatic scheme. In *El serafín humano* and *San Diego de Alcalá*, for instance, the fathers of the two saints object to their sons' religious aspirations. The miracles in these plays also are similar. In *San Diego de Alcalá*, Friar Diego has taken bread from the refectory to give to the poor. When his superior orders him to open his mantle, the bread is turned into flowers. The same mira-

---

29 All dates are from Morley and Bruerton, *Cronología*.

cle appears in *San Nicolás de Tolentino*, except instead of flowers, the prior finds herbs and a snake. In *El serafín humano*, the blood dripping from Francis's wounds is converted into roses. In all four plays, demons tempt and play pranks on the saints, but are totally frustrated in their efforts. In *El serafín humano* and *San Diego de Alcalá*, an angel predicts the glory of the Third Order of Franciscans and mentions famous saints who became its members. San Diego is elevated over the stage in mystic ecstacy Saint Francis is carried aloft in a fiery chariot ("un carro de fuego"). *San Nicolás de Tolentino* exalts the life of an Augustinian monk (the other three are Franciscans, like Lope) known for his charity. In one scene, he too is elevated ("se vaya levantando en alto"). While humility is the chief virtue, ignorance and illiteracy characterize San Diego and Friar Francisco of *El rústico del cielo*. Like Diego, Francisco treats even vegetables with kindness because they are God's creations. Francisco has a child-like correspondence with the Baby Jesus, similar to Diego's. There are other patterns which also relate the four plays, a matter too involved to take up completely here.

Beyond the similarities and parallels in characterization (saints, after all, should resemble one another), essential differences remain. The protagonist of *El rústico del cielo*, Hermano Francisco, was never canonized by the Catholic Church. Spaniards disregarded the negligence of the Vatican and he remained a popular saint, although not an official one. The play on his life was performed before an audience who personally witnessed his real life[30]. His acts of charity and his miracles, therefore, are not the original work of the dramatist at all. *San Nicolás* and *El serafín del cielo* deal with canonized saints of recognized international fame and who also were not Spaniards. They also contain allegorical elements drawn from the *autos sacramentales (Inobediencia, La carne)* and some

---

30 In his dedication of the play in *Parte XVIII* (1623) to Francisco de Quadros y Salazar, Lope recalls to his friend their mutual familiarity with Hermano Francisco when they were students in Alcalá. Felipe III also saw the play when it was performed at the time and once had an occasion to meet the holy man: "Honráronla con su real aplauso los Señores Reyes, de venerable memoria, don Felipe Tercero y doña Margarita de Austria, que Dios tiene; como en vida lo habían hecho en tantas ocasiones, estimando aquella santa simplicidad con que los llamaban el hermano Felipe y la hermana Margarita, abrazándolos, y llegándoles su rostro y ropa, que siendo tan pobre y rota, exhalaba un divino olor no conocido de los cuadros de los jardines de sus casas reales, porque debía de ser los del cielo, donde tenía su conservación, como el Apóstol dice." Lope also states that the public in Alcalá remembered Francisco's charity and even confused the actor who played the title role with the dead saint. See *Las dedicatorias de Partes XIII-XX de Lope de Vega*, p. 207-08.

rather fantastic episodes. *San Diego de Alcalá* is far more telluric in portraying the saint in very human situations. The play also belongs to two other categories: it is a peasant play in some parts[31], and it possesses a kinship with historical plays of the nature of *Los guanches de Tenerife y conquista de Canaria* and *El descubrimiento de América por Cristóbal Colón*. The fact that San Diego was one of Spain's first missionaries in *ultramar* gives him and the play a special importance. The question of its classification is an interesting speculation for a modern critic. The dual role of humble missionaries in the seventeenth century meant something far more transcendental to the spectator of Alcalá at the time.

---

31 Eduardo Forastieri, *Aproximación estructural al teatro de Lope de Vega* (Madrid, 1976), includes *San Diego de Alcalá* with plays dealing with peasant honor, as Noël Salomon had done before.

3 The Play

3.1 Summary of the Plot

ACT ONE

The play opens with a scene depicting a dispute on the town council of San Nicolás del Puerto about the events and their expenses of the upcoming spring festival. A local hidalgo opposes most of the proposed festivities because of their cost. He is not only outvoted by the farmers (*labradores*) on the council, but insulted as well for his niggardliness and un-Christian origen (lack of *limpieza de sangre*).

In the next scene, three peasant girls, Juana, Mencía, and Lorenza, charmingly discuss their preparations for the procession and dances of the spring festival, and indulge in small talk over their romances. Lope de Vega enjoyed including such scenes of popular inspiration about the everyday of the Spanish peasants.

Finally, we meet the young Diego, who serves a hermit and assists the pilgrims who visit the hermitage. Diego is so humble and respectful of religious objects that he has difficulty in dusting them off for fear of offending them in any way. The hermit leaves him with orders to cut flowers for the altar. As he cuts the different flowers –lilies, marigolds, roses of Alexandria, gillyflowers– he begs their forgiveness and conforts them in the knowledge that they are to glorify God. In his participation in the procession, Diego begs the Lord to give him a Franciscan habit. Diego's father appears and tells him he is needed at home. Diego asks his father's forgiveness, but insists he must follow his religious vocation. Back in his garden, he engages in a friendly argument with his Morisco neighbor, Alí. Alí predicts the return of the supremacy of Islam to Spain. Diego assures him this will not be so. Their conversation is interrupted, first by Juana, who buys some produce, and then by three hunters. After singing to the three hunters, Alí is hired by one of them, Enrique de Guzmán, to serve in his household.

The action then moves to the Franciscan convent of San Francisco de Arrizafa, near Córdoba. The guardian of the convent and Friar Alonso comment on the imminent canonization of their fellow Franciscan, Bernardino of Siena. Diego comes to the door and expresses to them his desire to serve the order in some menial way. The doorkeeper shows up with two servants of Juan de Guzmán, who is sending to the poor religious community some well-needed provisions. The guardian lets Diego enter with the food, and a voice offstage announces that something special has befallen the convent, but the friars do not understand. To close the act, the doorkeeper instructs the unlettered Diego how to recite the *Christus*.

ACT TWO

Diego's father and Esteban, one of his helpers, are traveling to San Francisco de Arrizafa to visit Friar Diego. A traveler on the same road is thrown from his mule and cries out to "Brother Diego" for help, an invocation which demonstrates that the fame of the young friar's sanctity has spread throughout that part of Andalucía. When they reach the convent, they learn that Diego has been sent to the Canary Islands with Friar Juan de Santorcaz as a missionary.

The next scene takes place in the Canary Islands, on the island of Fuerteventura, where Friar Diego has just been elected guardian of the convent. Friar Diego requests they honor someone else more learned than he, for he will only be an embarrassment for the order. His insistence does not prevail. Friar Diego wishes to go to La Gran Canaria to work with the natives and, if necessary, become a martyr.

We are then taken to La Gran Canaria. Lope weaves into the plot, in imitation of the pastoral mode, a love triangle between three of the *bárbaros*, or native Canarians. Clarista, a Canaria Queen, loves Lisoro, who has not returned her love. Tanildo, king on another island, solicites Clarista's love in vain, offering her titles, true love, and riches. Other *bárbaros* joint them. They sing and dance *el canario*. Suddenly, a warrior appears and exhorts them to exchange their frivolities for war cries and their musical instruments for weapons of war. A Spanish ship has been sighted and is preparing to land.

In a very brief scene, Friar Diego wishes to go ashore, but the soldiers, seeing the number and ferocity of the *bárbaros*, hold him back.

In Seville, Alí argues with the chief steward of Enrique de Guzmán and is fired. He is then hired by a baker to take care of the oven.

At the farm of Diego's father in San Nicolás del Puerto, Esteban and Lorenzo prepare to winnow a pile of wheat. Mencía arrives with their lunch, and the two men flirt with her. Diego's father upbraids all of themn for their goldbricking. Two Franciscan friars, Juan and Pablo, pass by on their way to Rome, and upon learning that the owner of the farm is Diego's father, speak glowingly of his piety and report that he is returning to Spain.

We then meet Friar Diego and Friar Alonso making their way on foot from the port of Sanlúcar to Seville. Friar Alonso complains of hunger and thirst, but Friar Diego reminds him to trust in God. Miraculously, Friar Diego finds a basket of bread, wine and fish. Friar Alonso immediately satisfies his hunger and thirst, while Friar Diego can only think of spiritual matters.

In Seville, the baker's wife becomes hysterical because her little child has fallen asleep in the oven. Alí, unaware of this, has lit the fire. Friar Diego and Friar Alonso come on the scene. Friar Diego tells the distressed mother to pray to the Virgen de la Antigua, and then reaches into the fire and pulls out the youngster unharmed. Alí recognizes his old friend from the hermitage, and because of the miracle he has just witnessed, decides to renounce Islam and become a Christian.

Again, at San Francisco de Arrizafa, the guardian and Friar Juan marvel at the news of so many Franciscans who have gone to Rome. The doorkeeper informs them that Friar Diego has arrived at the convent. Everyone is talking about the miracle of the child in the fiery oven. Friars Diego and Alonso appear, and the guardian then orders them to Rome to witness the canonization of Saint Bernardino of Siena.

ACT THREE

The third act takes place entirely at the Convent of Santa María de Jesús in Alcalá de Henares. Two students, Estacio and Amaro, comment on how Friar Diego's piety has inspired many to join the Order. They also discuss Alonso Carrillo, Archbishop of Toledo, who is directing the reconstruction of the church and convent, and Friar Diego's activities since returning from Rome. Six poor men and two poor women show up for the daily distribution of food. Friars Diego and Alonso come with the soup pot and bread. A soldier, wounded in his many campaigns, squabbles with a cripple over their shares of the food. After they exchange insults, the soldier breaks the cripple's bowl. The Morisco, Alí, then appears. He has fallen on hard times and must join the others in the daily dole. This really irritates the soldier, who has fought in wars against the Moors. He grabs the pot and runs off with it. Diego's father is also present. He lovingly greets his son, who asks for his blessing. Diego promises to be at his father's side when he dies.

Estacio and Amaro wish to help a fellow student, Friar Pedro, a Franciscan novice, to leave the religious community. The young friar is ashamed at his poor performance in his studies. Friar Diego begs Christ and Saint Francis for help. The statues of Christ and of Saint Francis physically deter the exiting Friar Pedro, who then desists of his intentions of leaving. While Friar Juan and the doorkeeper look on, Friar Diego goes into a state of ecstasy and is elevated into the air.

The doorkeeper and Friar Juan engage in a discussion over the existence of angels and whether or not they may assume human form. Friar Diego appears on his way from the infirmary. Unexplainedly the illiterate Diego demostrates first an understanding of the doorkeeper's Latin, then cites examples of angels in the Old and New Testaments. When Friar Diego leaves, the doorkeeper and Friar Juan mention even more examples of Friar Diego's notable piety and humility. They mention to the Archbishop the astounding case of his unlearned erudition.

Friar Diego is then bothered by a demon, who tries to take the vegetables he is washing to give to the poor. The Child Jesus descends from above to help Friar Diego learn the alphabet.

In a new scene, both the head of the refectory and the convent cook complain to the guardian that Friar Diego makes off with the food meant for the friars in order to give alms to the poor. The guardian promises to straighten out the matter. As he manages to catch Friar Diego coming from the refectory with an apronful of bread, he finds only flowers when he orders the humble friar to show him what he is carrying. Friar Tomás appears and reports that Friar Diego was present in San Nicolás when his father died. The guardian knows for sure that Friar Diego has never left the convent and sees the intervention of divine providence in this.

As we approach the end of the play, Friar Alonso tells the guardian that Friar Diego is very ill with an abscess. The friars know that his end is near. An angel appears above and predicts the canonization of Friar Diego in the times of Felipe II. Friar Diego dies, holding the cross, and saying *Dulce lignum, dulces clavos, dulcia ferens pondera portare regem coelorum*. The Archbishop announces he has died. The poor are allowed to enter the convent to mourn the death of their beloved benefactor.

3.2 Synopsis of the Play according to Versification

ACT ONE

San Nicolás del Puerto
redondillas 1-324

A. Meeting of the town council of San Nicolás. Dispute between the *labradores* and the hidalgo.
B. Three peasant girls discuss preparations for the spring festival.
C. Diego and a hermit make arrangements for the festival by cleaning the holy images and cutting flowers.

seguidillas 325-332

D. The procession enters the hermitage, singing a *cantarcillo*.

redondillas 333-344

As part of the singing, Diego expresses his desire to become a Franciscan.

seguidilla 345-356

Still singing, Diego praises the Virgen, to end the *cantarcillo*.

redondillas 357-528

E. Diego's father requests he return home.
F. Alí complains about the pilgrims and argues religion with Diego.

romance i-a 529-712

G.
a. Juana, one of the peasant girls, buys some vegetables.
b. Three hunters appear. Alí sings to them, and one of them invites him to be a member of his household.
San Francisco de Arrizafa, near Córdoba

redondillas 713-936

H.
a. The guardian of the convent and Friar Alonso de Castro speak of the impending canonization of Saint Bernardino of Siena.
b. Diego expresses why he wants to become a Franciscan.
c. The doorkeeper and two servants of the Guzmán family bring in alms. The guardian promises Diego a habit in the order.
d. Diego befriends the doorkeeper, who teaches him the *Christus*.

ACT TWO

Road to San Francisco de Arrizafa
redondillas 937-1096

A.

    a. Diego's father, in company of Esteban, travels to the convent to visit his son.

    b. A traveler, thrown from his mule, calls on "Brother Diego" for help, and Diego's father thus learns of his son's piety.

    c. Diego's father and Esteban reach the convent and are told that Friar Diego has been sent to the Canary Islands as a missionary.

Fuerteventura, Canary Islands
Endecasílabos sueltos 1097-1165

B. Friar Diego has been elected guardian of his convent, but he accepts the duty with reluctance.

La Gran Canaria
décimas 1166-1285

C. Clarista, Queen of the island, suffers from the unrequited love for Lisoro, while Tanildo, a Canarian king, wooes her in vain.

redondillas 1286-1309

D. Other Canarians arrive and prepare to dance and sing. Their song is made up as follows:

refrain 1310-1313
romancillo a-e 1314-1329
refrain 1330-1333
romancillo a-e 1334-1353
refrain 13543-1357

romance a-a 1358-1425

E.

    a. Minodante calls the Canarias to arms as a Spanish ship approaches

    b. Friar Diego wishes to go ashore, but the soldiers prevent him.

Seville
redondillas 1426-1589

F. Alí is fired by the head steward of Enrique de Guzmán, and then hired by a baker.

San Nicolás del Puerto

G.

    a. Esteban and Lorenzo are about to winnow wheat. Mencía arrives with lunch, and the two men flirt with her. Diego's father chides them for their laziness.

    b. Friar Juan and Friar Pablo ask for alms. Diego's father learns his son has returned to Spain.

Near Seville
Lira 1590-1691

H. Friar Alonso and Friar Diego are making their way on foot from Sanlúcar to Seville. Friar Alonso is suffering from hunger and thirst. Friar Diego finds a basket of bread, fish and wine in the middle of nowhere.

Seville
redondillas 1692-1787

I. The baker's wife discovers her son has fallen asleep in the oven, which Alí has now lit. Friar Diego arrives and removes the child unharmed. Alí decides to convert to Christianity.

San Francisco de Arrizafa
romance a-e 1788-1887

J. While the guardian and Friar Juan discuss the success of the Franciscan conclave in Rome, the doorkeeper announces the arrival of Friar Diego and Friar Alonso. The guardian orders them to Rome.

ACT THREE

Convent of Santa María de Jesús, Alcalá de Henares
Endecasílabos sueltos 1888-1911

A. Estacio and Amaro discuss the restoration of the convent and Friar Diego's influence there.

redondillas 1912-2228

B.

    a. Diego's father and Esteban arrive and ask for Diego.

    b. Poor people show up for the distribution of alms from Friars Diego and Alonso. An altercation between a soldier and a cripple ensues.

    c. Alí appears, now as a beggar.

    d. Diego is reunited with his father.

    e. Pedro, a novice, is prevented from leaving the community by Christ and Saint Francis, on Friar Diego's intervention.

    f. Friar Diego expresses his love for Christ.

soneto 2229-2242

C. Friar Diego glorifies Christ crucified.

redondillas 2243-2302

D. Diego is elevated in mystic ecstasy.

romance a-e 2303-2422

E. Friar Diego amazes Friar Juan and the doorkeeper with his knowledge of scholastic philosophy and the Bible.

octavas 2423-2438

F. The guardian and Archbishop Alonso Carrillo speak of the restoration of the convent and Friar Diego's mysterious knowledge of theology.

décimas 2439-2468

G. Friar Diego begins to wash some vegetables.

romance a-o 2469-2532

H.

    a. Friar Diego confronts a demon and drives him away.

    b. The Child Jesus descends to teach Friar Diego the alphabet.

redondillas 2533-2688

I.

    a. The friar in charge of the refectory and the convent cook complain to the guardian that Friar Diego gives away all the food to the poor.

    b. Confronting Friar Diego, the guardian only finds flowers in his apron.

    c. Friar Tomás reports that Friar Diego was present at his father's bedside when he died in San Nicolás. The guardian knows he has not left the convent.

romance e-e 2689-2752

J.

    a. Friar Alonso informs the guardian that Friar Diego is very ill with an abscess.

    b. An angel predicts the future canonization of San Diego.

redondillas 2753-2800

K. Friar Diego dies.

romance e-o 2801-2830

L. The poor enter to mourn Friar Diego's death.

3.3 Distribution of Verse Forms

ACT ONE	vv.	1-324	*redondillas*	324 lines
		325-332	*seguidillas*	8 lines
		333-344	*redondillas*	12 lines
		345-356	*seguidillas*	12 lines
		357-528	*redondillas*	172 lines
		529-712	*romance i-a*	184 lines
		713-936	*redondillas*	224 lines
				936 lines
ACT TWO		937-1096	*redondillas*	160 lines
		1097-1165	*endecasílabos sueltos*	69 lines
		1166-1285	*décimas*	120 lines
		1286-1309	*redondillas*	24 lines
		1310-1313	*refrain*[32]	4 lines
		1314-1329	*romancillo a-e*	16 lines
		1330-1333	*refrain*	4 lines
		1334-1353	*romancillo a-e*	20 lines
		1354-1357	*refrain*	4 lines
		1358-1425	*romance a-e*	68 lines
		1426-1589	*redondillas*	164 lines
		1590-1691	*lira*	102 lines
		1692-1787	*redondillas*	96 lines
		1788-1887	*romance a-e*	100 lines
				961 lines
ACT THREE	vv.	1888-1911	*endecasílabos sueltos*	24 lines
		1912-2228	*redondillas*[33]	317 lines
		2229-2242	*soneto*	14 lines
		2243-2302	*redondillas*	60 lines
		2303-2422	*romance a-e*	120 lines
		2423-2438	*octavas*	16 lines
		2439-2468	*décimas*	30 lines
		2469-2532	*romance a-o*	64 lines
		2533-2688	*redondillas*	156 lines
		2689-2752	*romance a-e*	64 lines
		2753-2800	*redondillas*	48 lines
		2801-2830	*romance e-o*	30 lines
				943 lines

---

32 This refrain is a form of *seguidilla*. The usual *seguidilla* has a 5-7-5-7 stanza with rime
of the *heptasílabos*.
33 Vv. 2184-2188 constitute a *quintilla*.

SUMMARY

ACT ONE	*redondillas*	732
	romance	184
	seguidilla	20
		936

ACT TWO	*redondillas*	444
	romance	168
	décimas	120
	lira	102
	endecasílabos sueltos	69
	romancillo	36
	refrains	12
		961

ACT THREE	*redondillas*	581
	romance	278
	décimas	30
	endecasílabos sueltos	24
	octavas	16
	soneto	14
		943

PERCENTAGE OF VERSE FORMS

redondillas	1757	62.08%
romance	630	22.26%
décimas	150	5.30%
lira	102	3.60%
endecasílabos sueltos	93	3.29%
romancillo	36	1.27%
seguidilla	20	.71%
octavas	16	.57%
soneto	14	.49%
refrain	12	.42%
	2830	99.99%

Morley and Bruerton's figures are different from ours[34]. They tabulate:

redondillas	1752	64.3%
romance	598	22. %
décimas	150	5.5%
lira	102	3.7%
sueltos	93	3.4%
octavas	16	.6%
soneto	14	.5%
	2725	100.0%

The differences are accounted for in their method. For instance, they do not count songs in their scheme of plotting versification for the purpose of dating plays.

In his *Arte nuevo de hacer comedias* (1609)[35], Lope recommended, although rather vaguely, some particular uses for the more common forms of versification in plays of his period. Recently, scholars have attempted to analyze scientifically and to categorize more specifically the different functions and artistic results of versification in Lope's plays, notably Morley and Bruerton, *Chronology of Lope de Vega's Comedias*, and Diego Marín, *Uso y función de la versificación dramática en Lope de Vega*[36]. These studies show that Lope varied considerably in his employment of verses for different kinds of scenes over the many

---

34 *Cronología*, p. 90.
35 Ed. cit., vv. 305-312.
36 See 2nd ed. (Valencia, 1968).

years he wrote for the stage, although he exerted some consistency within certain periods. For this reason, it has been possible to plot the use of versification patterns for the sake of estimating the probable date of composition of undated plays. To some extent, Lope adhered to his prescriptions made in *Arte nuevo*. We shall take merely a brief glance at the use of versification in *San Diego de Alcalá*, which offers no peculiar examples of poetry nor exceptions to Lope's normal practice in that period of his dramatic production.

As shown on the table, *redondillas* by far constitute the preponderance of the verse forms used in *San Diego de Alcalá*. This conforms to Lope's style of writing in the years 1609-1618. In his *Arte nuevo*, Lope recommended: "Y para las [cosas] de amor las redondillas". (v. 312) Among its many uses, however, factual dialogue is the most characteristic[37]. In a play of sacred nature, as this one, romantic love is very secondary, overshadowed by the sober story of the saint's life. The second most used verse form is *romance*, for which Lope recommended: "Las *relaciones* piden los romances / aunque en octavas lucen por extremo". (vv. 309-10). There are no long *relaciones*[38] in the play, the closest to one being the scene in Act Two in which the guardian of the convent and Friar Juan discuss the Franciscan conclave in Rome. Otherwise, the use of *romance* seems identical to that of the *redondillas*, factual dialogue. The short scene in *octavas*, only sixteen lines, involves the conversation of the Archbishop Alonso Carrillo with the guardian at the beginning of Act Three. The shortness of this passage seems to indicate a deletion made by a stage director (*autor*) or an editor. The only love scene of the play takes place in Act Two between the royal *bárbaros*, Clarisa and Tanildo, for which Lope employed *décimas*. He had just a scene like this in mind when he recommended: "Las décimas son buenas para quejas" (v. 307), which is the case of the spurned lovers here[39]. The *lira* and the *endecasílabos sueltos*, verse forms not included in the recommendations of *Arte nuevo*, are employed in scenes which enhance San Diego's sanctity and self-denial, such as his voyage from Sanlúcar to Sevilla in Act Two in which he and Friar Alonso find the basket of food, and his humility, such as not wishing to accept the post of guardian of the con-

---

37 Marín, p. 12.
38 A *relación* is usually a long discourse in which a character of the play informs the other characters of events which do not occur in the plot but which are necessary for the understanding of the story. Often, these events are historical and Lope drew heavily, often plagiarizing, from the *romances* and chronicles.
39 Marín, p. 40.

vent in Act Two, and the comments by Estacio and Amaro in Act Three. Marín remarks that the *lira*, a very learned stanza in lyric poetry, has a definite use in the *comedia*: "lo más significativo es que en todos los casos tiene un carácter más acusadamente dramático que lírico"[40]. His conclusion about *sueltos* is similar: "Su empleo principal es para el diálogo factual, tanto en conflicto dramático como con el de tipo armonioso"[41]. The only sonnet in the play appears in the third act: "Muere la vida y muero yo sin vida", recited by Friar Diego as he adores a crucifix. Lope had composed a sonnet on the occasion of San Diego's canonization in 1588, "La verde yedra al verde tronco asida", which he must have deemed not suitable for this play[42]. "Muere la vida y muero yo sin vida" is type A, for it has tercets CDC DCD. Lope recommended the *soneto* "en los que aguardan" (v. 308), and this vague indication can apply to many dramatic situations. The sonnet most generally was used for soliloquies. Juana de José Prades believes that Lope's statement "los que aguardan" refers to "aquellos que están en situación de espera, o de esperanza"[43]. In our play, instead of romantic love the sonnet expresses love of Christ, but the expression and emotions are from the same traditional origins. Finally, there are two examples of strictly popular poetic forms in the play, which appear in the popular music sung in the first two acts. In Act One, a form of the *seguidilla* is used for the festival songs in the procession to the hermitage. Lope combines this form of the *seguidilla*, of five, six, and seven syllables with assonance, with *redondillas* in a delightful *cantarcillo* of religious inspiration. Lope, in many cases, took these songs from popular tradition; others he com-

---

40 Marín, p. 68.
41 Marín, p. 55.
42 See A. Restori, "Sonetti dimenticati," pp. 164-65. The 1588 sonnet reads as follows:

> La verde yedra al verde tronco asida,
> trepando por sus ramas tanto creçe,
> que yedra el arbol y ella arbol pareçe
> enlaçada en sus braços y estendida.
>   Alli vee su flaqueça sustenida,
> y esto tanto lo estima y agradeçe
> para engaste de aquel que le dio vida.
>   Así a la cruz divina, Diego, asido,
> sus braços con los vuestros enlaçados,
> arrivastes por ella al alto cielo.
>   Con tal frescura tanto avéis creçido,
> que entre los que acá tiene más preçiados
> para su amparo os reconosçe el suelo.

43 *Arte nuevo*, p. 198.

posed taking known songs and patterns as models. In Act Two, there is another song, which has a refrain with lines of four, five, and six syllables, or accented differently, of five and six syllables with assonance, really a form of the versatile *seguidilla*, combined with *romancillo* (seven-syllable) verses. The dance which accompanies the singing is *El canario*, which has come down to us today[44]. The irregularity of these popular poetic forms may have been intended to produce an exotic rhythm to illustrate the simple and picturesque nature of the Canarians.

3.4 Analysis of the Play

3.4.1 Action

The dramatic plan of the play, *San Diego de Alcalá*, is simple: it tells the story of Friar Diego from the time he serves a hermit in his home town of San Nicolás del Puerto, his entering the Franciscan Order as a lay brother, his missionary work in the Canary Islands, some of the miracles attributed to him, to his final assignment and death in Alcalá de Henares. The events of the play follow closely the version of the saint's life as found in the *Flos sanctorum* of Padre Rivadeneyra, the most likely source for the work[45]. Unlike the lives and legends of other saints in which there are spectacular conversions or pathetic martyrdoms, the life of this humble Franciscan was fairly calm and undramatic. To be sure, Lope's great poetic mastery lends a graceful and charming touch to compensate for the lack of exciting source material. To compliment the story of the saint, he includes sub-actions dealing with Diego's father, a Morisco gracioso, and a slap at the hidalgos in the first act. These added elements intensify the dramatic action, because of their relationship to events occurring in Spain in the first part of the seventeenth century, and make the play more colorful and interesting.

There is no absolute evidence, such as a dated autograph manuscript, for the exact date of composition of *San Diego de Alcalá*. Lope did not mention the play elsewhere in his writings nor are there references to it by other writers of the period. As stated before, the play first appeared in the *Parte tercera de comedias de los mejores ingenios de España* in 1653, eighteen years after the death of its author. Its title does not appear on either list of *El peregrino*, where Lope listed many, but not all, his plays written before 1604 and 1618[46]. We can only speculate,

---

44 See Alfredo Reyes Darias, *Las Canarias Occidentales, Tenerife, La Palma, La Gomera, El Hierro* (Barcelona, 1969), p. 74.
45 See M. Menéndez y Pelayo, Acad. V, xiii-xviii.
46 See note 21.

then, that the play was written in 1613 and that Lope was commissioned to write it for the activities in Alcalá de Henares in honor of the twenty-fifth anniversary of the local saint's canonization in 1588 and the one hundred and fiftieth of his death in 1463[47]. Morley and Bruerton also set 1613 as the definite date of composition[48]. We also remember that Lope was undergoing a religious renewal in 1613 and would have been more attuned to pious subjects. As further evidence of this date, we can point out his accuracy in Act Three concerning scholastic theology and Biblical passages on angels (vv. 2295-2390). While Lope was an educated man and well versed in religion, he may have been in direct contact with the texts of St. Bonaventure, Duns Scotus, Alexander of Hales, St. Thomas Aquinas, and the Bible because of his religious frame of mind at the time, and possibly in preparation for the priesthood, a state he embraced the following year. Also in Act Three, there is an altercation between an old soldier and a cripple (vv. 1971-2068). This appears to be a satire of Cervantes and his boasting of sacrifice to his country in statements of his prologue to the *Novelas ejemplares*, which were published earlier that year[49]. Even though Lope may have been hired to write the play, he could have had a personal interest in the life of San Diego. He had joined the Franciscan Order in September, 1611. As a young man, he had lived in Alcalá. In his first will, dated 4 February 1627, Lope bequeathed to Doctor Francisco de Quintana "un cuadro de San Diego con las Rosas", a picture of the saint he obviously had hanging in his house on Francos Street. He had previously written a sonnet honoring San Diego in 1588 on the occasion of his canonization.

Besides a dramatic composition and a poetic exposition, the *comedia* often was the vehicle for commentaries on contemporary issues and polemical subjects. In this regard, *San Diego de Alcalá* is especially notable for Lope's feelings and aspirations on the one hand, and for a testimony of Spain's inner convulsions on the other. The opening scene is very significant. Two farmers who serve as *alcaldes* (councilmen) and two *regidores* (aldermen) on the town council of San Nicolás del Puerto

---

47 Restori, "Sonetti dimenticati," p. 164-65. Previously Menéndez y Pelayo surmised that the play was written possibly for the occasion of the canonization of the saint in 1588 (Acad. V, xix.).

48 P. 90.

49 The *aprobación* for the *Novelas ejemplares* was issued 9 July 1612, and the *privilegio*, 22 November 1612. The *fe de erratas* is dated 7 August 1613, and the *tasa*, 12 August 1613. We expect Lope had ample time to see this work before November, when he wrote the play.

dispute with an hidalgo over the expenses for the procession, dances, and gifts for the poor during the spring festival in honor of the Virgin. The hidalgo is a *cristiano nuevo*, that is, he has Jewish ancestry. The *cristianos nuevos* since the fifteenth century were suspected of being false Christians and guilty of secretly practicing the Jewish faith, which was considered heresy. The nobility was known for its high percentage of Jewish blood and the farmers for none. For this reason most commoners felt racially superior to their nobility. In the play, the hidalgo does not want to pay for any celebrations except the ostentatious procession. The argument between the hidalgo and the other councilmen becomes intense and full of innuendos. The hidalgo insults one of the *regidores*: "Sois un puerco", to which the other replies: "Yo quisiera / para que no me comáis". (vv. 97-98) The hidalgo leaves in a huff, and the other members of the council comment:

REGIDOR 2° Ellos [los hidalgos] tienen lindos modos
De mandar soberbiamente.
Hágase la procesión
Con danzas y con caridad,
Y él váyase a la ciudad
Con su mala condición
O dónde le diere gusto.

REGIDOR 1° ¡Hidalgos... Gente cansada,
Toda en su honrilla fundada!

REGIDOR 2° No tengáis deso disgusto.

REGIDOR 1° Tiene un hidalgo a su puerta
Puesto un mohoso retablo
De seis lanzas y un venablo
Por ejecutoria incierta,
Y, ¡quiérese comparar
Con quien diez tocinos tiene
Que cuando San Lucas viene,
Tiene otros diez que colgar!

(vv. 111-128)

Professor Joseph Silverman has carefully studied this scene and the meaning of "gente cansada", and with convincing erudition has shown to what extent there was anti-Semitic sentiment in this and similar passages in Golden Age Literature. He infers: "...para el español de los siglos XVI y XVII, con su agudizada preocupación por todo lo que se refería al pueblo de Israel, vocablos como *cansado, muerto, viejo, cansino, traí-do*, podían evocar en ciertos contextos lingüísticos la imagen del odiado judío y su peligrosa fe"[50]. This scene from Act One exalts purity of blood (*limpieza de sangre*) of the *cristianos viejos* vis-à-vis certain elements of the nobility believed to be tainted by Jewish ancestry. *San Diego de Alcalá* is thus linked to other Lope plays, such as *Peribáñez* and *Fuenteovejuna*, by its strong anti-noble sentiment. In other words, this *comedia* which dramatizes the life of a Spanish saint so easily recognized as a model *cristiano viejo* exploits the frictions and racial feelings which underlay the social life of Spain in those times. Part of this was personal as well. Lope had moved to Madrid in 1610 to settle permanently. He had hopes of securing a favorable position in the government, but certain powerful elements of the nobility blocked his efforts and he never succeeded in his ambitions. According to Noël Salomon, plays dealing with disputes between *labradores* and hidalgos do not appear before 1608, and the theme concerning conflicts over the rights of common folk and the power of the nobility reaches its peak in the period 1613-1616[51]. The opening scene of *San Diego de Alcalá* is a key passage in the study of Lope's controversies with the Court. He was aware of the scandals and corruption of the Lerma government, and the theater public of the time certainly was alert to catch the meaning of this attack on the nobility. The scene therefore has a dual function within the structure of the play. It creates the initial dramatic tension, and it is the playwright's personal expression of criticism and response to the current state of affairs in Madrid.

Still in Act One, the action then passes to the life of San Diego, but the initial dramatic tension based on contemporary issues is not allowed to wane. Immediately we are face-to-face with another racial element: Alí, the Morisco. In Act One, we find him tending a vegetable garden next to the hermitage where the young Diego affectionately cares for his plants. Unlike those *cristianos nuevos* of Jewish descent, the Moriscos were manual laborers. Alí complains to Diego that the pilgrims to the

---

50 "Los 'hidalgos cansados' de Lope de Vega," *Homenaje a William Fichter*, ed. A. David Kossoff y José Amor y Vázquez (Madrid, 1971), pp. 698-99. Also, cf. "La *Comedia* llevó al pueblo la expresión estructurada y cargada de honra y de la hombría de los labriegos limpios de sangre." Américo Castro, *De la edad conflictiva* (Madrid, 1961), p. 57. Eduardo Forastieri, *Aproximación estructural*, surveys the many opinions on this controversial subject.

51 *Recherches sur le thème paysan dans la "comedia" au temps de Lope de Vega* (Bordeaux, 1965), p. 870.

hermitage take refreshment in his garden and eat some of the produce.
We must keep in mind that the historical period of this scene would be
around 1420, one in which a large portion of southern Spain was still
in the hands of the Muslims. The Spaniards of Lope's time still looked
back at that period with fear and hatred of those they considered to be
foreign invaders. Diego and Alí discuss religion. Alí prophesizes the
return of the rule of Islam to Spain:

ALÍ   Merar
                       Que tenemos probecía
                       Que ha de volver algún día
                       Espania al noso mandar.

Through Diego, Lope predicts the expulsion of the Moriscos:

DIEGO   Antes ya podría ser
                        Que algún Rey tan santo fuese
                        Que desterrar os hiciese
                        Con absoluto poder
                        Donde no hubiese jamás
                        Sangre que tanto nos daña;
                        Y si esto llegase, España
                        A este Rey debiera más
                        Que a todos los que ha tenido
                        Desde Fernando el primero.

ALÍ   Rey Manzor ser bon guerrero,
                        Estar armado e tenido,
                        E no le echar de Granada
                        El cristiano eternamente.

DIEGO   Dame que sacar intente
                        Dios de la vaina la espada
                        Que muy bien sabrá segar
                        La cizaña de su trigo.
                                                    (vv. 505-526)

In part, Diego could be referring to the defeat of the Moors in Granada,
since historically this conversation takes place seventy years before the
Catholic Monarchs, Fernando and Isabel, took that city in 1492. In
1502, the Muslims were expelled from Spain. Only those Moors who
embraced Christianity were permitted to remain, and they were to be

called Moriscos[52]. Few Moriscos really converted to Christianity, partly because they were sincere followers of Islam and secretly refused to practice the other religion, or because no real attempt was made by the Catholic clergy to proselytize them. Fear and resentment grew in the communities of *cristianos viejos* toward the Moriscos. These "new" Christians were never integrated into the mainstream of Spanish life. The Moriscos remained strong in some areas of Andalucía, and in 1567 fought a bloody rebellion in the Alpujarras region, south of Granada, which cost Felipe II considerable effort to put down. The government of Castile scattered the Morisco population as much as possible after that, but even this did not quell the fears and prejudices of the *cristianos viejos*. The Moriscos continued to harbor some hope of an alliance either with the Turks or even with Spain's other enemy at the time, France. In 1609, all Moriscos were ordered to leave Spain.

Diego's prophesy more realistically alludes to the expulsion of the Moriscos. Prophesy, after all, is one of the saint's supernatural powers, even though Lope performs it *post factum*. The argument over the two religions in a political context provides the playwright the opportunity to praise his king, Felipe III, for his decision to expell the distrusted minority ("sangre que tanto nos daña") and to rank him with Fernando I, one of the great heroes of the Reconquest. This treatment of historical material is, certainly, inconsistent and anachronistic at best, but its purpose is to draw attention to the expulsion, a tremendous and bold move by Felipe III, who was a weak king governed by Court favorites like the Duke of Lerma, to gain popularity for the moment in the face of other government negotiations forced on him[53]. By 1613, the date of this play, the expulsion was approaching its completion and a state of euphoria was resulting, especially among the masses in Castile. Spain's most ardent desire since the fifteenth century, cultural and religious unity, could now be considered a reality. Lope de Vega was not necessarily against the Moriscos personally[54]. He was merely reflecting the popular

---

52 The classic work on this subject is Henry Charles Lea, *The Moriscos of Spain* (London, 1901; reprint, New York, 1968). Of interest also are Juan Reglá, *Estudios sobre los moriscos* (Valencia, 1964), and Henry Kamen, *The Spanish Inquisition* (New York, 1965), pp. 109-20.

53 Cf. "The expulsion of the Moriscos, carefully prepared and carefully executed between 1609 and 1614, was to some extent the act of a weak Government anxious for easy popularity at a time of widespread national discontent." J.H. Elliott, *Imperial Spain* (New York, 1963), p. 301.

54 Menéndez y Pelayo (Acad, V, xix) states: "...el aspecto simpático con que se presentan las costumbres de los moriscos y se remeda su media lengua, parece que obligan a colocar esta pieza en fecha anterior a la expulsión."

mood at the time. He had had many personal experiences with the
Moriscos and ample opportunity to observe their customs and speech.
In his early years he traveled extensively in Castile and Andalucía,
where many Moriscos lived, and his exile, 1588-90 in Valencia, where
the largest concentration of this minority resided, afforded him his
broadest exposure to them. While the Moriscos were a productive element in Spanish society in the sixteenth century, hostility toward them
grew constantly, a feeling seized upon by *arbitristas* and other courtiers
who urged government action. Literature, at first, did not reflect these
facts. But as the expulsion approached, this changed. Miguel Herrero
García points out: "La literatura, sin embargo, de esta época se mantenía
ajena al conflicto. El tipo de morisco no aparece en el teatro anterior a
Lope de Rueda, ni el odio a los moriscos irrumpe en ninguna de las
obras literarias de importancia durante el reinado de Felipe II. Pero se
aproxima la fecha de la expulsión, y la tormenta comienza a desencade-
narse. Se van, al fin, los moriscos, y parece que una pesada piedra ha
dejado libre la boca de un volcán"[55].

Alí is, of course, a complete invention of the playwright, and is unlike
the mythical or fictitiously sentimental role assigned to many Moors
in the *romances fronterizos*[56], in the *novelas moriscas* such as *La historia de Abindarráez y hermosa Xarifa* inserted in *La Diana* (1561)
of Jorge de Montemayor, or in many of Lope's *comedias*, such as *El
remedio en la desdicha*, *La envidia de la nobleza*, *El hidalgo Bencerraje*,
and *El hijo de Reduán*[57]. Alí is much more a comic foil to Diego's inge-
nuous theology. He is also Diego's friend. In the first scene in the garden, he is hired by the nobleman, Enrique de Guzmán. Because he is
not a Christian, the head steward fires him in Act Two. He is then hired
by a baker. When Diego miraculously snatches a young child from a

---

55 *Ideas de los españoles del siglo XVII* (Madrid, 1966), p. 563.
56 See María Soledad Carrasco Urgoiti, *El moro de Granada en la literatura del siglo XV
al XVII* (Madrid, 1956).
57 Cf. "Kein Dichter des Siglo de Oro hatte den edlen Mauren so häufig besungen, keiner
auch dem zeitgenössischen, realistisch gezeigten Morisken einen so grossen Platz in sei-
ner Dichtung eingeräumt wie Lope. Seine Darstellung des letzteren ist so sehr dem
lebenden Vorbild angeglichen worden, dass sie an derjenigen der zeitgenössischen His-
toriker, spanischen und maurischer Herkunft, diskutiert werden konnte. Sie decken sich
im allgemeinen in einem Masse, dass Lope als eine weitere-literarische-Quelle zur
Erforschung der Situation des Morisken des 16 und 17, Jahrhunderts herangezogen werden kann." Gisela Labib geb. Reupcke, *Der Maure in dem dramatischen Werk Lope de
Vega's* (Hamburg, 1961), p. 219. Also see Lee Anne Durham, "The Black, the Moor and
the Jew in the *Comedia* of Lope de Vega," Unpublished Doctoral Dissertation, Florida
State University, 1974.

fiery oven, Alí is convinced that Christianity is his true religion, and he seeks baptism. He also appears in Act Three when he forms part of the bread line at the convent of Santa María de Jesús. Alí's role heightens San Diego's spiritual stature. The true conversion of a Morisco was held to be a rare feat. San Diego extends the same charity to a Morisco as he does to other Christians. To be sure, Alí puts into relief the contrast between *cristianos nuevos* and *cristianos viejos* at a time when it was a very sensitive nerve in Spanish society. (Lope forgets that, no matter how sympathetic a character Alí may be, converted to Christianity or not, his descendents would have been expelled by Felipe III's decree.) San Diego embodies the ideals of a militant *cristiano viejo* in his rustic tradition and status, his unquestioning orthodoxy, his missionary fervor and desire for martyrdom, and his unschooled theology. All this becomes more vivid in contrast with the Morisco.

Lope's praise of Felipe III's act of expulsion borders on the meretricious. Lope had spent some time in the entourage of the monarch in excursion through Castile in September, 1613[58]. With expectation of favor, he seized every chance to promote his person and attitudes with the Court. The canonization of San Diego in 1588 had been expedited at the insistence of Felipe II, Felipe III's strong-willed father. Toward the end of the third act, an angel proclaims:

> En tiempo del Rey Felipe,
> Que llamarán el Prudente,
> Tendrá el Príncipe don Carlos
> Salud por Diego; que quiere
> Hacer Dios este milagro,
> Porque esta ocasión aliente
> A su canonización
> Prelados, ciudades, reyes,
> Y las universidades.
>
> (vv. 2729-37)

The angel alludes to the illness of Felipe II's first son, the ill-fated don Carlos, who was injured in a fall in Alcalá in 1562. All medical treatment had failed to cure the young prince. As an extreme measure, but not uncommon, the embalmed remains of Friar Diego were placed beside the ailing boy. His recovery later was considered one of the miracles

---

58 Rennert and Castro, *Vida de Lope de Vega*, p. 203.

presented as evidence in the canonization process[59]. The event most certainly was present in the minds of the spectators in Alcalá half a century later. (The body of San Diego is still kept in the Iglesia Magistral next to the buildings which housed the university in the time of Felipe II.) All these historical elements play important roles in creating the dramatic atmosphere for the action of the play. We have on one hand the continuous struggle in Spanish society of racial tensions, namely, the question of *limpieza de sangre,* the *cristianos nuevos,* and the Moriscos. The more emotional aspects of Catholicism are also exploited in those scenes which depict San Diego's mystic piety. In Act Three, which deals with the saint's waning years in Alcalá, there is a scene in which he is raised into the air to rever a crucifix. In another, an image of the Child Jesus descends from above and perches itself on a breviary Friar Diego cannot read because he is illiterate. These may appear to be cheap theatrical tricks today, more dependent on the skill of the *tramoyistas* than on good script, but in the seventeenth century, in Counter-Reformation Spain, they were a more acceptable contrivance in the *comedias de santos.* The final scene too, Diego's death, may not appear to us as great theater, but to a devout public in Alcalá de Henares en 1613 it must have had a profound effect. San Diego was a favorite of the common people for his humble origin and his charity to the poorest of the poor. There were probably few dry eyes in the theater when the guardian proclaims the end of the play: "aquí demos / fin a la vida y la muerte / De nuestro español *San Diego.*" (vv. 2828-30).

Structurally, the main plot deals with the life of San Diego with sub-actions, such as the meeting of the town council in Act One and the development of Alí. While these elements are designed to furnish dramatic tension by exploiting contemporary racial sentiments, they also complement and support the purpose of the play, which is to exalt the exemplary life of the saint. Another sub-action involves Diego's father, who begs him to return from the hermitage to tend the family farm. Parental opposition to religious vocations is as old as the Church and is best dramatized by the life of Saint Francis, which Lope covers in his play, *El serafín humano.* Diego's father discovers his son's piety in the second act. God has also rewarded him with a prosperous farm, even without his son's assistance. Father and son are happily united in Act Three. We learn that Friar Diego is present at his father's bedside when

---

59 See W. T. Walsh, *Philip II* (London, 1937), pp. 324-36; and William Prescott, *History of the Reign of Philip the Second of Spain* (Boston 1855), II, 517-20.

he dies, a miracle since he does not leave his convent. The father-son conflict, happily resolved, brings San Diego closer to Saint Francis and is another emotional element of the life of the saint.

A curious and unbalanced part of the play is the pastoral episode of the *bárbaros* on La Gran Canaria. This scene certainly has high lyrical qualities, for the verses are well composed, and the music and dancing offset the rather staid and serious nature of the rest of the story. Lope was not unfamiliar with the history of the Spanish conquest of the Canary Islands. In 1604-06 he composed his play, *Los guanches de Tenerife y conquista de Canaria*, which Menéndez y Pelayo believed to be taken from the *Antigüedades de las islas afortunadas de la Gran Canaria* by Antonio de Viana, published in Sevilla in 1604[60]. Since Friar Diego is not permitted to land and Christianize the natives on La Gran Canaria, the scene remains a simple pastoral interlude. The typical triangle of romantic barbarians, similar to love conflicts in the *romances fronterizos* and in the *novela morisca* in which Moors are portrayed in sentimental roles, recalls the entanglements of unrequited love in the poetry of Garcilaso de la Vega and in the pastoral novels, such as *La Diana* by Jorge de Montemayor and *La Galatea* by Cervantes. The scene furnishes the only romantic component of the action and gives the playwright something to develop about the Canary Islands. The stage director then had the opportunity to entertain the audience with some music and dancing before returning to the sacred nature of the play.

Act Three is almost entirely devoted to the saint's piety and charity. A dramatic gem, certain to delight the festival public in the midst of so much dull holiness, is the earthy scene of the beggars who appear at the convent of Santa María de Jesús for handouts of food. There is no idealization here, and the crusty soldier and the testy cripple are three-dimensional, true-to-life characters drawn from the hardships of reality. This refreshing piece of near-picaresque realism adds needed flavor to the dullness of Act Three, much the same way the *hidalgo-labrador* conflict and the peasant girls in Act One and the Canarians in Act two. The scene appears to be Lope's satire of Cervantes's boasting of soldierly service and glory in the prologue of his *Novelas ejemplares*, published earlier in 1613. Using the third person, Cervantes describes his own physical features, and declares: "...llámase comúnmente Miguel de Cervantes Saavedra; fue soldado muchos años, y cinco medio cautivo, donde aprendió a tener paciencia en las adversidades; perdió en la

---

60 Acad. XI, lxxxvi.

batalla naval de Lepanto la mano izquierda de un arcabuzazo, herida que, aunque parece fea, él la tiene por hermosa por haberla cobrado en la más memorable y alta ocasión que vieron los pasados siglos, ni esperan ver los venideros, militando debajo de las vencedoras banderas del hijo del rayo de la guerra, Carlos V, de felice memoria"[61]. The old soldier in Act Three complains of his wounds, "Porque estoy de arcabuzazos / Tullido de pies y brazos". (vv. 1981-82) He also boasts of having served in many places:

> Mire que he estado
> En la Mancha, en Roma, en Troya,
> En Galicia y en Saboya,
> En Sanlúcar y en Daimiel;
> Y me han dado mil heridas
> Enemigos de la fe.
>
> (vv. 2020-25)

The soldier argues and exchanges insults with a cripple, and ends up by smashing the other's bowl with his staff, and later runs off with the soup pot. The resemblance between Cervantes and the old soldier seems obvious. He was wounded by an *arcabuzazo*, which left him so riddled that Friar Diego jokingly fears the soup will pass through him as through a sieve. Both the soldier and Cervantes have been in the same places, notably Argel, where Cervantes spent five and a half years as a captive[62]. Lope had not forgotten Cervantes's satire of his pedantry in the prologue of *Don Quijote* (1605) a few years earlier. Back in his adversary's home town, Alcalá, it was his turn to get even. The soldier's squabble with the miserable cripple and his eventual stealing of the soup pot, meant for all the beggars, is Lope's way of showing his disdain for Cervantes's petty complaining. This ironic humor is Cervantine in nature.

In short, all the action of *San Diego de Alcalá* is designed to teach us the life of the saint and to exalt his sanctity. Lope also ties in sub-actions which contrast with the sobriety of the life of the saint to keep the play

---

61 *Novelas ejemplares*, eds. R. Schevill and A. Bonilla (Madrid, 1922), I, 21.
62 The other places the soldier has been add to the satire. *La Mancha* refers to Don Quijote; *Roma* to Cervantes's service under Cardinal Acquaviva; *Troya* is a satirical exaggeration; *Galicia* and *Saboya* complete the verse, but do not seem to apply to military campaigns of the time; *Sanlúcar* is near Seville, where Cervantes and Lope knew each other, 1600-1604. *Daimiel* is near Ciudad Real, site of the windmills. See Thomas E. Case, "Lope's 1613 Answer to Cervantes," *Bulletin of the Comediantes*, 32 (1980), 125-129.

entertaining but which are integral parts of the main plot. Satire of the Court, of the *cristianos nuevos*, and of Cervantes are carefully woven into the main story.

3.4.2 The Characters

In contrast with saints like Saint Jerome in *El cardenal de Belén* and Saint Augustine in *El africano divino*, both great intellects of the Church, San Diego was illiterate and Lope had to develop his character without making him into a fool or simpleton. Humility and charity are, after all, his main virtues. In Act One the young Diego does appear to be uncouth and even silly in his reluctance to dust the statues for fear of striking and offending them. As the play progresses, Lope skillfully evolves his protagonist into a wiser, more sensible friar who knows his limitations and demonstrates true humility, such as his unwillingness to accept the post of guardian of his convent because he is illiterate and unsuited for that kind of responsability. While there are miracles in the play, San Diego does not acknowledge them and prefers to leave everything in the hands of God. The miracles –the basket of food in the wilds, saving the sleeping child from the hot oven, his elevation into the air, the conversion of the bread into flowers– show God's intervention in his life. In Act Three we witness a mystic saint, devoted to his sick and his poor, but exalted by God in fantastic religious experiences, to which we are allowed to bear testimony through the spying of Friar Juan and the doorkeeper. Friar Diego is above all a simple man, son of a farmer, a Franciscan lay brother. Even his speech is a simple Castilian, here and there affected by a little *sayagués* (e.g., *vueso* for *vuestro*), which Lope used from time to time to idealize the rusticity of his characters. At the end of the play, San Diego dies a happy death, presided over by an archbishop and an angel, but most of all by the poor. While not at all a tragedy, there is pathos in this last scene, especially the mourning of the poor at the passing of their friend.

Of all the characters of the play, San Diego is of course the most important. Lope was not free to create a saint to his liking, for the public was familiar with the life and miracles of the humble Franciscan, and a dramatist has to satisfy the expectations of the spectators (and the Church). It is more a question of how to present the known facts rather than what to develop artistically. This is a serious drawback for any writer. The other *dramatis personae* are very secondary and have little or no development at all, with the exception of Alí. Friar Alonso de Castro is a historical figure, and a companion in the real life of San Diego. Also his-

torical is the archbishop, Alonso Carrillo, who has a very minor role in
Act Three. Friar Juan is a participant in the Canary Islands scene with
Friar Diego, and later at the convent in Alcalá de Henares. There are
doorkeepers (*porteros*) and guardians at both convents of San Francisco
de Arrizafa, in Acts One and Two, and at Santa María de Jesús, in Act
Three. In real life these must have been different characters, but no distinction between either the doorkeepers or the guardians is established
and the same actors probably played the same roles in both places on
the stage. There are other Franciscan friars, but none has any special
part.

Alí, the Morisco, deserves some discussion as an important character.
Spanish *comedias* usually had a gracioso, and the *comedias de santos*
were no exception. Alí is a comic figure. We have already seen how, as
a representative of a disliked minority, he furnishes dramatic intensity
because of the racial sensitivities of a seventeenth-century audience.
Also, in dress, manner, speech, and religious belief, the Morisco con-
trasts vividly with the paragon of Christian virtue, San Diego. On the
stage of the time, the Morisco occupied a curious niche. In his study of
the sociology of the *comedia*, José María Díez Borque has pointed out:

> La comedia representa los valores de la casta dominante, y por
> ellos quedan fuera de su esfera los problemas de estos sectores
> marginados que además –como ya dije– no constituían materia
> "dramatizable", una vez fijado el esquema apoyado en los valores
> del honor, la fidelidad al Rey, el amor... etc. No se podía mitificar
> ni utilizar en situaciones de efecto la triste realidad de esta pobla-
> ción marginada [los moriscos]; por otra parte, el constituir mate-
> ria en la que podía intervenir la Inquisición apartó a los dramatur-
> gos de todo riesgo, pues esto compartían con la población y en
> consecuencia valor literario[63].

In his *romances* and in several plays, Lope followed the literary mode
of placing Moors in idealized and romantic roles. The Morisco, on the
other hand, is always a socially inferior type, performing in the role as
servant, gardener, or in some other manual trade. His role was not "dra-
matizable". But from his social condition as an inferior comes humor
and a gracioso-type characterization. Alí is meant to be laughed at, and
his antics were funny for the audience of the time. The mainstay of his

---

63 *Sociología de la comedia española* (Madrid, 1976), p. 238.

humor is his speech, broken Spanish of the Arabic-speaking population. Lope is well known for his use of jargon and dialects for functional purpose. The most extreme is *fabla antigua*, a falsified dialect meant to approximate medieval Spanish, which we find today in *Las famosas asturianas* and *Las batuecas del Duque de Alba*. In the dedication of *Las famosas asturianas* to don Juan de Castro y Castilla in *Parte XVIII*, Lope explains his purpose: "Quise ofrecer a V.M. esta historia, que escribí en lenguaje antiguo para dar mayor propiedad a la verdad del suceso, y no con pequeño estudio, por imitarlo en su natural idioma[64]. In spite of Lope's obvious pride in this undertaking, Menéndez y Pelayo censured the practice: "Semejante *fabla*, que no se *fabló* nunca, deslustra esta comedia de Lope, como deslustra también la admirable creación de *Los jueces de Castilla*"[65]. In *Las famosas asturianas* we can observe a curious phenomenon: only the Christians of the ninth century speak *fabla*, while the Moors in the drama, Audalla, Amir, and Celín, speak modern Spanish. This is to indicate that they are speaking *Arabic*. This is true in many plays in which Moors play important roles. They all speak correct Spanish, but we assume they are speaking Arabic. In many plays which idealize peasant life, such as *Peribáñez*, Lope uses *sayagués*, a rustic jargon, to add realism and charm to his descriptions of country life. In a few dramas, Lope employed a black jargon called *guineo*.

Alí's speech in *San Diego de Alcalá* conforms closely to the Morisco jargon Lope used in several other plays. Basically, the comic effect is accomplished by applying Moorish pronunciation and incorrect grammar to ordinary Spanish[66]. The rest could then be supplied by a good actor. Common is the loss of diphthongs *ie* and *ue* in words like *sete*, *vejo*, *ben*, *bon*, and *bona*, *fogo*, *corpo*, *morte*, and the use of *o* and *e* for *u* and *i*: *mocho*, *joro*, *mojer*, *amego*, *vener*, *merar*. The *xexeo* ([s] for other sibilants) is also common: *xenior*, *Diox*, *expada*, *estamux*, *dexo*; and *b* and *g* often replace the voiceless *p* and *c [k]*; *blata*, *blaza*, *balabra*, *segreta*, *garta*, *gabatán (capitán)*; *ll* becomes *li: cabaliero*, *beliaco*, *Esbania*. In syntax, the infinitive takes on a variey of duties, mainly replacing finite verbs: "¿Por aquí sonar el fonte?" and the subjunctive mood virtually disappears. Only the masculine singular article is used: *el cruz, el*

---

64 *Las dedicatorias de Partes XIII-XX de Lope de Vega*, p. 203, or Acad. VII, 187.
65 Acad. VII, 1xxx.
66 See Thomas E. Case, "The Significance of Morisco Speech in Lope's Plays," *Hispania*, 65 (1982), 594-600, and Albert Sloman, "The Phonology of Moorish Jargon in the Works of Early Spanish Dramatists and Lope de Vega," *Modern Language Review*, 44 (1949), 207-17.

cabeza, el manos, el damas. Whenever possible, Lope included words easily recognized as of Arabic origin, but with the omission of the Arabic article: *ceite, calde, bricias, fanje.* Other liberties are taken for comic effect: Alí confuses *merdolaga* with *verdolaga* (v. 631), *El Maestre de Santiaguas* with *El Maestre de Santiago* (v. 691), and *Borrique (borrico)* for *Enrique* (v. 708). He gets away with blasphemy: "Mahoma es un poto". (v. 1787) There is probably only an attempt to approximate the *aljamiado* or the Arabized Spanish of the Moriscos for use in plays. It was meant to be funny.

Only in his speech does Alí really resemble the other Moriscos graciosos in Lope's plays. To be sure, he does follow the path of some by converting to Christianity in the course of the play. Unlike the others, he is not addicted or attracted to pork or wine nor does he seek material gain by becoming a Christian. He is converted by San Diego's charity and miracles. While there are several miracles in the play, his is the only conversion we witness. Lope does depict him in a favorable light. Alí, however, is not a true gracioso, although he is humorous and a servant. As José F. Montesinos has stated: "Como Sancho, el gracioso es cristiano viejo, aunque suele entender esto del cristianismo de un modo particular. Típicas son sus disputas con los moros y su desprecio por ellos a causa de que no beben vino ni comen tocino; por afirmar su cristiandad, nunca dejaría él de hacerlo"[67]. Montesinos also points out the close relationship betwen a gracioso and his *amo*, "como partes del mismo espíritu"[68]. Nonetheless, we can judge that Alí, like other Moriscos graciosos, has the same function as the real gracioso within the structure of the *comedia*. F. William Forbes indicates: "Since the thematic import was to be represented by socially-significant characters, the graciosos, as lesser companions, were relegated to imitating verbal or pantomimic tomfoolery. But this socially insignificant figure, this asocial figure, was to become, from the point of view of dramatic function, most significant"[69]. From a strictly social point of view, Alí is not a gracioso, but he does share with the latter his humor, and low social status. His character evolves in the last two acts into a more serious nature. At the end,

---

67 "Algunas observaciones sobre la figura del donaire en el teatro de Lope de Vega," in *Estudios sobre Lope*, 2ª ed (Salamanca, 1967), p. 27.
68 Ibid., p. 45.
69 "The 'Gracioso': toward a Functional Re-evaluation," *Hispania*, 61 (1968), 81. Also see Thomas E. Case, "El morisco gracioso en el teatro de Lope," in *Lope de Vega y los orígenes del teatro español* (Madrid, 1981), 785-90.

he is poor, unable to work, and must beg. Alí is the last of the comic Moriscos in Lope's plays[70]. Because of the expulsion, the Moriscos were less humorous than before.

3.4.3 Evaluation

San Diego de Alcalá suffers, on the whole, from the deficiencies and weaknesses of most of the *comedias de santos*: weak dramatic structure, poor characterization, and a heavy reliance on special stage effects. Histories of Spanish literature have ignored the play. Adolf Schaeffer[71] mentions it briefly, as does Grillparzer[72], but Schack and Bouterwek say nothing, nor do Charles V. Aubrun and Francisco Ruiz Ramón of more recent criticism. Ticknor seems to have read a version we are unfamiliar with, for he attributes "most soldier-like atrocities in the Fortunate Islands" to San Diego in the play[73]. Elisa Aragoni Terni, in her monograph, *Studio sulle "Comedias de Santos" di Lope de Vega*, does not dedicate any special attention to our play[74]. In all justice, critics have been neither negligent nor prejudiced. There are simply too many good plays by Lope de Vega to discuss in most histories, and the *comedias de santos* are not a major genre of the Siglo de Oro. *San Diego de Alcalá*, on the other hand, has been important because of its references to *limpieza de sangre* in Act One, expecially in the studies by Noël Salomon and Joseph Silverman. The only critic to consider the whole work has been M. Menéndez y Pelayo, in his "Observaciones preliminares" to the Spanish Academy edition of the play. His judgment is worth repeating *in toto*:

---

70 Moors continued to appear in Lope's plays after 1613 in works such as *El labrador venturoso* (1620-22) and *San Pedro Nolasco* (1629), plays which display a particular condemnation of Islam.

71 *Geschichte des Spanischen Nationaldramas* (Leipzig, 1890), I, 208.

72 "San Diego de Alcalá von Lope de Vega. Da ist denn doch des Absurden gar zu viel, und nicht einmal das eingemischte Halb-Komische sowie die vorkommenden Wunder schlagend genug. Da wir übrigens nicht den ächten Glauben haben, so können wir auch nicht begreifen wie die damaligen Leute in derlei Stückn wie in einem Spiegel sich selbst und ihre Uberzeugungen wiederfanden. Wahrscheinlich zum Behuf irgend eines kirchlichen Festes geschrieben." *Sämtliche Werke* (Vienna: Anton Schroll, 1937), XV, 231.

73 *History of Spanish Literature*, 6th American Edition, corrected and enlarged (New York: Gordian Press, 1965), II, 288.

74 Her critical comment is limited to: "Non credo che commedie come quelle su San Diego de Alcalá, Santa Brígida, Santa Teresa, il P. Rojas, San Pietro Nolasco, San Secondo d'Avila o el piccolo martire di La Guardia siano state scelte da Lope con l'entusiasmo di chi si trova tra mano un argomento nuovo e sollecitante, donde trarre una composizione drammatica assolutamente valida e di effetto sicuro." (pp. 56-57).

El *San Diego de Alcalá* es obra de monstruosa composición dramática, pero de muy real poesía, la cual principalmente nace de la evidencia inmediata y eficaz con que el autor nos representa las costumbres populares que describe: una Junta de concejo en el siglo XV, rencillas entre labradores e hidalgos, pullas contra los cristianos nuevos enriquecidos, escenas villanescas de amor y celos, cantares, regocijos y procesiones, pendencias de ermitaños, cazadores y hortelanos moriscos, santas simplicidades de legos mendicantes; todo con tal viveza de color y ausencia de artificio, que la ilusión teatral se confunde con la realidad, y hasta los milagros, puestos en escena de un modo directo y grosero, parece que entran en el orden natural de las cosas humanas, borrándose las fronteras del mundo sobrenatural por virtud de la potencia plástica y naturalista del poeta. El carácter del Santo está lleno de ragos delicadísimos y excede a todos los de su género que Lope trazó en obras análogas, como *El saber por no saber* y *El Rústico del cielo*. Aun el mismo Sismondi, con toda su sequedad protestante, encuentra tierno y poético aquel monólogo en que el porbre ermitaño Diego pide perdón a las flores que está cortando para adornar su capilla, y aquel otro pasaje en que increpa al cazador que destruía los conejos. Este profundo respeto por la vida de los animales, por las plantas, por todas las obras del Creador, es la quinta esencia de la poética caridad franciscana, y Lope ha sabido interpretarla con la profunda penetración que él tenía de todas las cosas ingenuas y populares.

No negaremos que la familiaridad con que el poeta trata su argumento, puede, en tiempos como éstos de más tibia y ceremoniosa devoción, tener visos de irreverencia; y apenas se concibe cómo en el teatro podía descender el Niño Jesús a posarse sobre el libro del Santo, sin que a nadie pareciese una profanación tal escena; pero no se ha de olvidar que Lope escribía para espectadores avezados a vivir en trato continuo y franco con lo maravilloso y a hacerle intervenir en todos los actos de su vida[75].

By and large, this evaluation is just, for it points out the merits and charms of the descriptions of everyday life of the times. As dramatic material, the play is bland entertainment. As a glimpse of the seven-

---

75 Pp. xviii-xix.

teenth century in Spain, however, it is rich in emotion, color, attitudes, politics, satire, and poetry. The qualification, "obra de monstruosa composición dramática", is unmerited. On the surface, the play seems to lack unity. The many different scenes –the meeting of the town council, the peasant girls, the Canarians, the beggars-actually bind together the episodes of the life of San Diego and provide the drama needed. If we keep in mind how well Lope integrated these tensions and social sentiments into the play to increase its dramatic quality, we can understand his particular genius for poetic creation based on sparse source material. As a work of universal appeal, *San Diego de Alcalá* fails to attract many followers. As a significant play of its time, it has much to offer us.

SAN DIEGO
DE ALCALÁ

Preliminary note to the text

The present text of *San Diego de Alcalá* is based on the 1653 Madrid printing of *Parte tercera de los mejores ingenios de España* (A). We have compared this version to the undated eighteenth-century Valladolid printing (B), the Hartzenbusch text from *Biblioteca de Autores Españoles*, volume 52 (H), and the Real Academia Española text (C). All four versions are essentially the same. The variants are indicated at the foot of the page. We have chosen to follow the text arrangement of C, as well as its punctuation. The spelling is modern. The old forms have been preserved in a few cases (e.g., *agora, indino, truje, desto*, for *ahora, indigno, traje*, and *de esto*), and rustic Spanish (e.g., *vueso*) has not been standardized. Alí's Morisco speech has been kept in its original state.

We are indebted to the Biblioteca Nacional in Madrid for the text of the 1653 edition of *Parte tercera de los mejores ingenios de España*, and to the University of California, Berkeley, for use of the eighteenth-century Valladolid text.

PERSONAS

Dos alcaldes
Un hidalgo
Dos regidores
Diego
Su padre
Un ermitaño
Lorenza ⎫
Juana ⎬ *labradoras*
Mencía ⎭
Alí, *moro, hortelano*
Tres cazadores
El guardián
Fray Alonso de Castro
Un portero
Dos criados
Los músicos
Una voz
Esteban
Caminantes
Fray Pablo
Clarista ⎫
Tanildo ⎪
Alira ⎪
Direna ⎪
Felisto ⎬ *bárbaros*
Lisoro ⎪
Liseo ⎪
Minodante ⎭
Mayordomo

Panadero
Mujer del panadero
Lorenzo
Estacio ⎫
Amaro ⎬ *estudiantes*
Pobres
Un soldado viejo
Un cojo
Un muchacho
Una mujer
Fray Pedro
San Francisco
Cristo
Fray Gil, *refitolero*
Fray Gaspar, *cocinero*
Fray Juan
Fray Tomás
Don Alonso Carrillo, *Arzobispo de Toledo*

Un ángel
Un demonio
Un ciudadano
Una dama
Otra mujer
Un hombre
Otro hombre
Un tercer hombre
Un muchacho
Su padre

ACTO PRIMERO

Salen dos Alcaldes, labradores, un hijodalgo y dos Regidores

ALCALDE 1º	¿Han venido los demás?	
ALCALDE 2º	Falta el de los hijosdalgo.	
HIDALGO	No falta, pues que ya salgo.	
ALCALDE 1º	El mal no falta jamás.	
HIDALGO	¿Soy yo el mal?	
ALCALDE 1º	No sois el bien;	5
	Pero hidalgo sois, que basta.	
HIDALGO	¡Villanos de mala casta!	
ALCALDE 2º	¡Oh, mala pedrada os den!	
HIDALGO	¿Tanto de hidalgo me valgo,	
	Que he venido a ser malquisto	10
	Entre villanos?	
ALCALDE 1º	Doristo,	
	¿Qué pensáis que es ser hidalgo?	
	Tener el hombre dineros	
	Y algún oficio importante.	
REGIDOR 1º	En devoción semejante	15
	No era razón distraeros,	
	Sino tratar lo que importa.	
ALCALDE 1º	Poner a sus hijos don	
	Y sacar en ocasión	
	Una gorra y capa corta,	20
	Es el mayor fundamento	
	De la señora hidalguía.	
REGIDOR 2º	Siéntense, por vida mía.	
HIDALGO	De mala gana me siento.	

ALCALDE 1º	¿Qué os habemos de pegar?	25
	Más limpios somos que vos.	

REGIDOR 1º   Viniendo a servir a Dios,
¿Para qué es bueno tratar
    Lo que no es de su servicio?

REGIDOR 2º   Estos hidalgos cansados,   30
Nos tienen por sus criados.

REGIDOR 1º   ¡Mal año, si algún oficio
    Tienen aquí o en Sevilla!
¡Voto al sol, que comen vivos
A los hombres!

REGIDOR 2º   No hay cautivos.   35
Como en la aldea, en la villa
    Los míseros labradores,
Ellos de cualquier modo
Lo mandan y comen todo.

REGIDOR 1º   ¿Queréislo dejar, señores?   40
    Ya bien os podéis sentar.

REGIDOR 2º   Ya por mí sentado estoy.

REGIDOR 1º   Hablemos en lo que hoy
Se debe hacer y tratar,
    Y dejemos niñerías,   45
Porque en esta procesión
No haya menos devoción
Que se ha tenido otros días.

HIDALGO   ¿Qué hay en esto que tratar
Más de que a la ermita vamos   50
Con buen orden, y pongamos
La imagen santa en su altar,
    Y que diga misa el cura?

REGIDOR 1º   Sí; pero hay necesidad
De que se dé caridad.   55

---

25 pegar] B pagar

HIDALGO   ¿Qué caridad? Por ventura,
                      ¿Dase a pobres?
REGIDOR 2º   El Concejo
                   Tiene costumbre de dar
                   A la gente del lugar
                   Pan y queso y vino añejo;   60
                      Y caridad es también,
                   Puesto que a pobres no sea,
                   Si en los que a pie van se emplea,
                   Y en necesidad se ven;
                      Y pues no es a costa vuestra,   65
                   No os metáis en darla o no.

HIDALGO   Lleven todos, como yo,
                   Su almuerzo.
REGIDOR 2º   Es costumbre nuestra.
HIDALGO   Si viene el visitador
                   Desta santa cofradía   70
                   Y os castiga...
REGIDOR 1º   En la hidalguía
                   ¡Qué ordinario es el temor!

REGIDOR 2º   Jamás visita temí
                   Que de médico no fuese;
                   Que viniendo (aunque me pese)   75
                   Por él, dice que es por mí.
                      La caridad se ha de dar,
                   Y nadie se meta en esto.

HIDALGO   ¡Entre qué gente estoy puesto!

REGIDOR 1º   Vos, ¿qué tenéis que pagar?   80
                      Eso por nosotros corre.

REGIDOR 2º   Y en las danzas, ¿qué se ordena?

ALCALDE 2º   Más qué, ¿también las cercena?

HIDALGO   Pues, ¿no es razón que se ahorre
                      Cualquiera gasto o excusado?   85

REGIDOR 1º   ¿Las danzas se excusan?

---

76 que es] A B que

HIDALGO   Sí.
REGIDOR 2°   ¿Danzáislo vos?
HIDALGO   Nunca fui
a esas fiestas inclinado.

REGIDOR 1°   Vos no os queréis alegrar;
Solas las andas que son   90
De pasos de la Pasión,
Nos ayudáis a pagar.

HIDALGO   Y eso, ¿no es justo, pues es
De tal devoción su historia?

REGIDOR 1°   Antes pienso que es memoria   95
Es que tenéis interés.

HIDALGO   Sois un puerco.
REGIDOR 1°   Yo quisiera,
Para que no me comáis.

HIDALGO   No sabéis lo que os habláis.

REGIDOR 1°   No hablará si no supiera.   100

HIDALGO   Quien viene a honrar a villanos,
Esto y mucho más merece.
Yo me voy...
REGIDOR 1°   ¿Qué le parece?

HIDALGO   Por no ensuciarme las manos.

REGIDOR 1°   Pensaréis que soy tocino,   105
Y no os querréis ensuciar.

                    Vase el Hidalgo

REGIDOR 2°   El se va.
REGIDOR 1°   Y aun del lugar.

REGIDOR 2°   Y no va poco mohíno.

REGIDOR 1°   Es muy propio desta gente
Andarlo siempre con todos.   110

---

106 querréis] *B* quereis
107 stage direction, missing in *A B*

REGIDOR 2º	Ellos tienen lindos modos
	De mandar soberbiamente.
	Hágase la procesión
	Con danza y con caridad,
	Y él váyase a la ciudad 115
	Con su mala condición
	O donde le diere gusto.

REGIDOR 1º   ¡Hidalgos!... Gente cansada,
Toda en su honrilla fundada.

REGIDOR 2º   No tengáis deso disgusto.   120

REGIDOR 1º   Tiene un hidalgo a su puerta
Puesto un mohoso retablo
De seis lanzas y venablo
Por ejecutoria incierta,
    Y ¡quiérese comparar   125
Con quien diez tocinos tiene,
Que cuando San Lucas viene,
Tiene otros diez que colgar!
    Vamos de aquí.

REGIDOR 2º   Hidalgos son
Unos cansados pelones.   130

REGIDOR 1º   Haya cruces y pendones,
Que hidalgos no es procesión.

Vanse
Entran tres labradoras

JUANA   El sombrero le pedí,
Temiendo el furor del sol.

MENCÍA   No ha menester guardasol   135
Quien tanto sol lleva en sí.

JUANA   ¿Requiébrasme desposada?
Das barato de tu amor.

MENCÍA   ¿Tan bien me va de favor
Celosa y enamorada?   140

---

128 colgar] *A B* pagar

LORENZA   Yo pienso poner al mío
Mucha amapola y gamarza,
Y de espino y flor de zarza
Cubrille, en llegando al río.
       Pues, rebociño, ya tengo   145
Uno de color, famoso.

MENCÍA   Irás en traje vistoso.

LORENZA   Notables galas prevengo;
       Que tengo un ancho listón
Que sacar a Pedro supe,   150
Que trujo de Guadalupe,
Y de oro las letras son.

JUANA   ¡Mal año! Lorenza, y ¿quién
Irá a tu lado a la ermita?

LORENZA   ¿Quién? Las primas de Benita   155
Y la del Doctor también;
       Que un buen almuerzo llevamos.

JUANA   Luego, ¿no piensas bailar
Si con ellas has de estar?

LORENZA   Pues, ¿a qué piensas que vamos?   160
       Par Dios, que va lo primero
El pandero y las sonajas;
Que no hay fiesta con ventajas
Sin sonajas y pandero.

JUANA   En todo San Nicolás   165
No hay quien mejor repique
Que Pascuala, ni que aplique
Mejores letras jamás.

       Un romance canta agora
Del mozo Muza, que hará   170
Llorar una piedra.

LORENZA   Está
Muy hermosa y muy cantora
       Después que se desposó.

JUANA   Pues, ¿es bueno desposarse
Para la voz?

LORENZA	Alegrarse,	175
	De tener dicha nació,	
	Y el alegre está dispuesto	
	A cosas de regocijo.	
JUANA	Bras, que te pesa me dijo.	
LORENZA	Juana, no hablemos en esto;	180
	Que yo me pienso alegrar,	
	Aunque perdí la ocasión	
	Con dar al amor de Antón	
	En mis desdenes lugar.	
JUANA	Buena pascua te dé Dios;	185
	Que amor con amor se cura.	
LORENZA	Si se cura y se procura,	
	Salud tendremos los dos.	
	Préstame unas castañuelas,	
	Desposada, así te goces;	190
	Que entre relinchos y voces	
	Se conozcan.	
MENCÍA	Prestarélas	
	Luego que a casa lleguemos.	
LORENZA	¿Tienes algún faldellín	
	Que no te sirva?	
MENCÍA	Es muy ruin;	195
	Pero allá le buscaremos.	
LORENZA	¿Acabósete, por dicha,	
	El agua que hicimos?	
MENCÍA	No;	
	Mas basta que se quebró,	
	Que fue peor.	
LORENZA	¡Qué desdicha!	200
JUANA	Yo la tengo de los cielos.	
LORENZA	De la mujer, ya sabrás	
	Que nunca se adorna más	
	Que cuando quiere dar celos.	

---

176 nació] *B* necio
177 el] *B* él
179 Bras] *B* Berás

Se van
Salen un ermitaño y Diego, de labrador

ERMITAÑO   ¿Está bien aderezada?   205

DIEGO   Limpia, a lo menos, está;
                          Que es vieja la ermita, y ya
                          Se va a sentar de cansada.

ERMITAÑO   ¿Limpiaste los santos?
DIEGO   Mal,
                          Porque andallos por las caras,   210
                          Ni con zorras, ni con varas,
                          Me causa pena mortal;
                             Pues dar golpes en un santo,
                          Aunque por limpiarle sea,
                          Siento en el alma.

ERMITAÑOS   ¿Hay quien crea   215
                          Inocencia y temor tanto?
                             El que limpia un santo, Diego,
                          Con respeto, no le ofende;
                          Que bien su celo se entiende.

DIEGO   Temblando a los santos llego.   220

ERMITAÑO   Luego, si tú fueras santo,
                          ¿No te dejaras limpiar?

DIEGO   ¿Que más lo pudiera estar,
                          Padre, que siéndolo tanto?
                             De lo que me pesa a mí   225
                          Es de ver cuán sucio estoy.

ERMITAÑO   Palabra Diego, te doy
                          Que quisiera estarlo ansí.

DIEGO   Para mí sí que eran buenos
                          Los golpes, palos y colas   230
                          De zorras, no de dos solas,
                          Pero destos campos llenos;
                             Que si las colas de tantas

---

222 dejaras] B dexaràs

Como a los trigos echó
Sansón, y nos predicó   235
El cura, de historias santas,
      Me limpiaran cada día,
No acabaran en mil años;
¡Tal polvo tienen los paños
De la injusta vida mía!   240
      Pero de cualquier desgracia
Bien puede el Señor librarme,
Y más que nieve dejarme
Con el agua de su gracia.

ERMITAÑO   ¡Qué santa simplicidad,   245
Mezclada en sabiduría!

DIEGO   Limpiar la imagen quería,
Aunque con mucha humildad;
      Llego, y el alma repara,
Como soy antojadizo,   250
Que el niño pucheros hizo
De ver leventar la vara;
      Que imaginé que entendía,
¡Mirad qué ignorancia loca!
Que otra vez para su boca   255
Hiel y vinagre traía;
      O que la Virgen acaso
Jüez presumiese que era
De Herodes, y se nos fuera
A Egipto, alargando el paso.   260
      Mas, ¿sabéis a quién limpié
Famosamente?

ERMITAÑO   ¡Oh, inocencia
Santa!

DIEGO   A la mala presencia
De aquel mal ladrón.

ERMITAÑO   ¿Por qué?

DIEGO   Porque mil palos le di   265
De ver el bien que perdió,

Cuando otro ladrón llegó
Donde me pongan a mí.

ERMITAÑO   Ahora bien; mira que es hora
De venir la procesión;   270
Y pues en esta ocasión
Mayo los campos enflora,
    Corta lirios y retamas,
Corta rosas y alelíes,
Que de esmaltes carmesíes   275
Bordan esas verdes ramas,
    Y adereza cruz y altar,
Y echa hinojo por el suelo.

DIEGO   Y aun rodillas como al cielo,
Donde a Dios suele adorar;   280
    Porque parece que es uno.

ERMITAÑO   Ya siento rüido alguno,
Y aun pienso que ven mis ojos
    Por el repecho el pendón.   285

DIEGO   Las flores quiero coger
Mientras subís a tañer,
Pues ya veis la procesión.

ERMITAÑO   Diego, Dios quede contigo.

Vase

DIEGO   Y vaya, Padre, con vos.   290
Eterno y piadoso Dios,
Que tanto lo sois conmigo,
    Perdonad que corte aquí
las flores que habéis criado,
Pues son para vueso estrado;   295
Que no, Señor, para mí.
    Perdonad, lirio, sin vos
Estábades con el velo
Azul alabando al cielo;
Venid, que sois para Dios.   300

---

285 repecho] *B* reprecho

¡Oh, maravilla dorada!
Perdonad, porque a las sillas
Del Rey de las maravillas
Estéis más maravillada.
    ¡Oh, rosa de Alejandría!   305
Mucho os quiero, y merecéis
Mucho, pues nombre tenéis
Que se atribuye a María.
    Estas hojas encarnadas,
Con ese blanco rocío   310
Parecen al niño mío
Y a sus entrañas sagradas.
    Id todas; pareceréis
A los pies desta Señora,
Los atributos que agora   315
Por sus virtudes tenéis.
    Venid, morado alelí,
Que con las rojas señales
Parecéis los cardenales
Que a Cristo dieron por mí.   320
    Pero mucho me he tardado;
Ya viene la procesión;
De las campanas el son
Pone mi olvido en cuidado.

Sale la procesión, y detrás, en unas andas pequeñas con muchas flores,
la imagen, y los músicos sobre un libro, cantando así

    Dulce Virgen bella   325
De la Esperanza,
Posesión de la gloria
De quien os ama.

Toquen las chirimías, y luego tornen a cantar

    Las naciones del mundo
Todas te alaban,   330
Y los ángeles bellos
Tus glorias cantan.

Tocan otra vez las chirimías hasta entrarse por la otra parte, y Diego,
echando rosas delante de la imagen, diga en parando

DIEGO   Salto, bailo de placer,
                         Haciendo son con las palmas
                         A vos, gloria de las almas   335
                         Por quien tengo vida y ser.
                             Un pobre villano soy;
                         Así cumpla mi deseo
                         El Señor que adoro y creo
                         Y en cuya presencia estoy;   340
                             Que ya sabéis que he de ser
                         Fraile de Francisco santo;
                         Que os quiero y os amo tanto,
                         Que he de cantar y tañer.
                             ¡Ay niña bendita,   345
                         De un niño madre
                         Que es tan grande y tan bueno
                         Como su padre!
                         Niña de los ojos
                         De Dios eterno,   350
                         Acordáos allá arriba
                         Del pobre Diego.
                         Dadme un hábito pardo
                         De San Francisco;
                         Que como ando en el campo,   355
                         Me arromadizo.

Al entrarse las andas, que él va delante cantando su padre le ase de la
mano y le dice

PADRE   Una palabra, detente;
                         Oye una palabra aparte,
                         ¿No escuchas que quiero hablarte?
                         Pienso que ni ve ni siente.   360
                             ¿Quién como piedra te hizo?
                         Pues, si la mano te estampo...

---

351 arriba] A riba

Diego, cantando, responda elevado

DIEGO   Que como ando en el campo,
                     Me arromadizo.

PADRE   ¿Oyes que es tu padre, di?   365
                     ¿Oyes que es tu padre, necio?
                     ¿Es locura, o es desprecio?
                     Repara, ignorante, en mí.
                          No se mueve más que un risco.
                     ¿Qué fruto de hablarle aguardo?   370

Canta

DIEGO   Dame un hábito pardo
                     De San Francisco.

PADRE   No sé qué deba sentir
                     De las cosas deste mozo,
                     Que aunque de algunas me gozo,   375
                     Otras no puedo sufrir.
                          Oye; que está aquí tu madre,
                     Y yo de mil quejas lleno.

DIEGO   *Canta*
           Que es tan grande y tan bueno
                     Como su padre.   380

PADRE   ¿Es esa buena obediencia?

DIEGO   ¡Oh, padre! ¿Vos sois?
PADRE   Yo soy.

DIEGO   Ya, padre, a esos pies estoy;
                     Dadme vos la penitencia.

PADRE   No lo soy de confesión,   385
                     Sino de haberte engendrado.

DIEGO   Si os he ofendido, mi amado
                     Padre, aquí os pido perdón.

---

363 stage direction, *elevado*] B *el criado*
371 stage direction, *Canta*] A *cantando*
379 stage direction, *Canta*] A *cantando*
385 lo soy] B *soy*

PADRE   Que vivas en esta ermita
Al lado de un hombre santo,   390
Estimo y conozco tanto,
Que mil pesares me quita;
      Pero, hijo, bien pudieras,
Ayudándome a vivir,
A nuestro Señor servir,   395
Y aun más servicio le hicieras.
      ¿No cavas para sustento
Tuyo y de aqueste ermitaño
Esta huerta todo el año?

DIEGO   Sí, padre, pero es a intento   400
      De que me enseñe y doctrine
En el camino de Dios;
Que aunque lo hiciérades vos,
El quiere que a éste me incline.
      Tenedlo, padre, por bien;   405
Así Dios os dé ventura.

PADRE   Tu madre llora.
DIEGO   Es locura
Que ella se enoje también,
      Sino que los dos viváis
Contentos, pues que podéis   410
De que a un hijo que tenéis
Este maestro le dais.
      Y pues ya la procesión
Se parte a San Nicolás,
Id con ella, pues que más   415
Ganáis en su devoción,
      Y dejadme, padre, a mí,
Que el ermitaño me manda
Cavar hoy toda esta banda
De hortaliza que hay aquí;   420
      Y porque viene el lugar
Con traviesos mozos, quiere
Que a guardar la fruta espere,
Aunque está por madurar;
      Y Diego a guardarla sale,   425
Que es todo nuestro caudal,

> Porque no les haga mal,
> Que no por lo que ella vale.

PADRE
> Yo veo tu inclinación
> Y no acierto a replicarte.   430

DIEGO
> Así Dios, que el bien reparte,
> Estos deseos, que son
>   De ser fraile en San Francisco,
> Me cumpla, ¡oh, mi padre amado;
> Que no os dé mi amor cuidado!   435
> ¡Verá por aquel lentisco
>   Cuál dan en la almendra verde!
> Doyme a Dios si ha de quedar
> Una que pueda cuajar...
> Ramas y fruta se pierde.   440
>   Pues, ¡ya dan al lechuguino
> Asalto por otra parte!

PADRE
> Si tu madre viene a hablarte
> Con el llanto que imagino,
>   No la desconsueles más.   445
> Y quédate, Diego, adiós.

[Se va]

DIEGO
> El os consuele a los dos.
> Mozos de San Nicolás,
>   Mirad que es verde la fruta
> Y os hará mal, a la fe.   450
> Venid después, cuando esté
> La almendra seca y enjuta.

Sale Alí, morisco, hortelano

> ¡Bono estar el fe de Dios!
> ¡Oh beliacos! ¡Pecarilios!
> El comer almendroquilios,   455
> ¿Por qué consentilde vos?
>   Arre acá, so reverencia.

---

443 a hablarte] *A* hablarte
455 almendroquilios] *A* almendroquelios
457 Arre acá] *AB* arrecaca

	¡Oh labrado! ¡Oh merdaño!	
	¿Por qué consentimos daño	
	Que hacer mozos so presencia?	460
	¿No miralde merced vuestra	
	Que estamos el horta aquí?	
DIEGO	Mi hacienda comen, Alí;	
	Que no tocan en la vuestra.	
ALÍ	Por vuestra entramos el mía.	465
	¡A bon recado tenemos!	
DIEGO	Alí, paciencia y callemos;	
	Dios lo ha dado y Dios lo cría.	
	Vienen con la procesión,	
	Y del calor fatigados,	470
	Refréscanse en esos prados.	
ALÍ	A tenéis boca razón.	
	¿Criar aquí él so labor	
	Para que comelde el gente?	
	Meter cabeza en la fuente	475
	Y refrescalde mejor.	
	El que no mirar hacienda,	
	Tener de bestia el caliar.	
DIEGO	La vuestra podréis mirar.	
ALÍ	Andad, quitalde una brenda.	480
DIEGO	¿Yo? ¿Por qué?	
ALÍ	Por el lechuga	
	E rábano que comer.	
DIEGO	Eso no lo puedo hacer.	
ALÍ	Poner un barda, un xamuga,	
	E lievar el gente acostas.	485
DIEGO	Dejaldos, que son cristianos.	

....*

---

479 podréis] *B* podeis
  * Falta un verso.

ALÍ   ¿Estar las bersonas postas
                 Aquí por sólo espantajos?

DIEGO   Cavad, que ya no hay ninguno.   490

ALÍ   Cavar vos, que estar ayuno.

DIEGO   Aquí hay dos cabezas de ajos.
                 Y no falta pan y vino.

ALÍ   ¿Vino beber e vivir?
                 E Mahoma, ¿qué decir?   495

DIEGO   Eso, amigo, es desatino.
                 Mahoma fue un hombre ciego
                 Que, en efeto, os engañó.
                 Vos lo sabéis como yo.

ALÍ   Hablar comedido, Dego,   500
                 E bartaos aliá de mí.

DIEGO   De buena gana lo haré.

ALÍ   Vos ser santo, e ¡decirmé
                 Que estar cego!

DIEGO   ¡Pobre Alí!
                 Dios te dé su luz.   505

ALÍ   Merar
                 Que tenemos probecía,
                 Que ha de volver algún día
                 Espania al noso mandar.

DIEGO   Antes ya podría ser
                 Que algún rey tan santo fuese,   510
                 Que desterrar os hiciese
                 Con absoluto poder,
                     Donde no hubiese jamás
                 Sangre que tanto nos daña;

---

490 Cavad] *A B* Acabad
491 Cavar] *A B* Acabar
493 falta] *A* faltará
494 beber] *AB* è beber
501 bartaos] *B* barraos; mí] A me
505 su luz] *AB* luz

	Y si esto llegase, España	515
	A este rey debiera más	
	Que a todos los que ha tenido	
	Desde Fernando el primero.	

ALÍ
Rey Manzor ser bon guerrero
Estar amado e temido,   520
   E no le echar de Granada
El cristiano eternamente.

DIEGO
Dame que sacar intente
Dios de la vaina la espada,
   Que muy bien sabrá segar   525
La cizaña de su trigo.

ALÍ
Ara no hablalde conmigo,
Dego; dejalde cavar.

       Sale Juana, villana

JUANA
   Hortelano o ermitaño
Desta huerta y desta ermita,   530
Dadme un poco de ensalada,
Porque yo y ciertas amigas
Nos quedamos esta tarde
Entre esas verdes olivas,
Y queremos merendar.   535

DIEGO
Dios, labradora, os bendiga.

JUANA
Dos cuartos me dad, buen Diego,
De la mejor hortaliza.

DIEGO
Cogedla a vuestro placer;
Que a fe que hay lechugas lindas.   540

JUANA
¿Tenéis algunas acaso,
En estas eras, moriscas?

DIEGO
Las que tengo son cristianas;
Aquel hombre ser podría

---

515 España] *AB* a España
516 debiera] *AB* deverá
532 amigas] *A* amiga

	Que moriscas las tuviese,	545

Que moriscas las tuviese,   545
Aunque también las bautiza
Como las de aquesta huerta,
Regándolas cada día.

JUANA   Estas son las que yo digo.

DIEGO   Y a las cosas que Dios cría,   550
             ¿Llamáis moriscas?

JUANA   Es, Diego,
             Porque están repolladitas.
             Estos dos cuartos tomad;
             Y cuando vais a la villa
             A pedir, id a mi casa.   555

DIEGO   Así la bondad divina
             Me cumpla tantos deseos
             Como tengo de servirla
             Con un hábito francisco,
             Que apenas os conocía   560
             ¿Sois Juana la de Antón Gil?

JUANA   Sí, Diego, yo soy la misma.

DIEGO   Tomad allá los dos cuartos;
             Que más debo a vuestra tía,
             Que me crió y regaló,   565
             Y harta veces le comía
             El arrope, la cuajada
             Y las uvas de las viñas.

JUANA   No hay tratar de esto. Adiós, Diego.

DIEGO   El os guarde.   570
JUANA   Voy de prisa.

DIEGO   ¿Sois casada?
JUANA   Con Bartolo.

DIEGO   ¿Hijos?
JUANA   Cinco y cuatro niñas.

DIEGO   ¡Bien os haga Dios, amén,
             Y a cuantas paren y envían
             Almas que pueblen el cielo,   575
             Y a Dios en la tierra sirvan!

Vase Juana

Alí	¿Qué haber vendido?
Diego	Dos cuartos
	Destas lechugas.
Alí	Ser mías;
	Mostramos cuartos acá.

Diego	¿Vuestras?	
Alí	¿Hacemos gañifa?	580

Diego	Eso, ¿cómo puede ser?

Alí	Armar linda cancanilia.	
	Merar, Dego: estas lechugas	
	Estar, cuando bequeñitas,	
	En mis eras, e su madre	585
	Ponerlas andar un día,	
	E pasarse al horta vuestra.	

Diego	¡No pensé tal en mi vida!
	Tomad los cuartos, Alí.

Alí	El resa me hacer cosquilias.	590

Diego	¡Brava gente!
Alí	¡Cazadores!
	¡Eh! lievar diablos sos vidas,
	Que destroir los conejos.

Diego	¿Son galgos?
Alí	No estar ben dicha
	Esa balabra.

Diego	Pues, qué,	595
	¿Traen hurones de la villa?	

Alí	El galgos estar de lebres,
	E yo estar de sangre limpia.

---

577 stage direction, missing in *A B*
587 pasarse] *AB* pasarte

Salen tres cazadores que traen un par de conejos

CAZADOR 1°   Tomad allá la ballesta.

CAZADOR 2°   ¡Lindo tiro!
ALÍ   Esta cuadrilia   600
                Destroir toda esta terra.

CAZADOR 1°   No puse al corral la mira,
                Cuando le di por la frente.

CAZADOR 2°   Es la ballesta escogida.

DIEGO   ¡Ah, señores cazadores!   605

CAZADOR 1°   Los guardas de esta campiña
                Nos han visto.
DIEGO   ¿Por qué matan
                Esa pobre gentecilla,
                Que Dios cría en estos prados?

CAZADOR 2°   Si destruyen la hortaliza,   610
                ¿No es mejor que los matemos?

DIEGO   No, señores, que lastima
                Verlos muertos de esa suerte;
                Y mucho mejor sería
                Cogerlos vivos, y luego,   615
                Como quien niños castiga,
                Darles algunos azotes
                Porque comen la hortaliza.

CAZADOR 1°   ¡Hay semejante inocencia!

ALÍ   Acá no echamos en risa   620
                El matarnos los conejos.

CAZADOR 2°   ¿Es vuestra hacienda?
ALÍ   Estar mía.

CAZADOR 2°   Tomad este real de a cuatro.

---

601 cuadrilla] *H* cuadrilla

ALÍ   Gradecemos cortesía.
                    ¿Queremos algo del horta?   625

CAZADOR 1°   La calor es excesiva;
                    Sestear aquí.
ALÍ   Sentar
                    Al margen del fuentecica;
                    Dar aceite, venagre, pan,
                    Escarolas amarillas,   630
                    Cebolletas, merdolagas,
                    Mastorzos, herbabonicas,
                    Lechuga como un Mahoma
                    De poro morescas finas,
                    Y perejil y borrazas.   635

CAZADOR 1°   Sentémonos; que convida
                    La frescura desta fuente,
                    Que con su boca de risa
                    Parece que está llamando.

ALÍ   Porque estamos gente amegas   640

                    Le cantamos, si querelde,
                    Un letra en el guitarrilia.

CAZADOR 1°   Haréisnos mucha merced.

DIEGO   ¡Bondad de Dios infinita!
                    Estos conejos, ¿no estaban   645
                    En sus vivares? ¿Qué hacían
                    Cuando aquestos cazadores
                    Les asestaron las viras?
                    Salieron dellos. ¡Ay Dios!
                    Que a estar dentro, y sin codicia   650
                    De salir a pradear
                    Y a comer las yerbecillas,
                    No los prendieran. Pues yo,
                    ¿Cómo (sin ver defendida

---

624 Gradecemos] *B* Agradecemos
631 cebolletas] *AB* rucas
640 amegas] *CH* amigas
642 en el] *CH* en; guitarilia] *H* guitarilla

Mi vida de un monasterio,   655
Reclusión santa y divina,
Grillos de la voluntad
A la obediencia ofrecida,
Que en las manos de un prelado
Con tres votos se resigna)   660
Seguro del cazador
Pienso vivir, si la liga
Coge al pájaro inocente,
Al conejuelo el que tira?
Francisco, dadme la mano,   665
Dadme esa mano bendita.
Francisco, a buscaros voy;
Vuestra clara luz me guía.
Aunque a vuestras puertas sea,
Sin que el hábito me vista,   670
Tengo de vivir contento.
Adios, huerta; adiós, ermita.

Vase

ALÍ   Oímos esta canción,
Que estar mo linda a fe mía.

CAZADOR 1°   Ya aguardamos a que cantes.   675

ALÍ   Temblábamos el requinta.

Canta

El maniana de San Joan,
Al tempo que el manecía
Gran festa hacelde los moros
Al senior San Joan Baptista.   680
¡Ay ha!
Salimos todos al vega,
Divididos al cuadrilias;

---

676 requinta] *B* requta
677 Joan] *H* Juan
679 hacelde] *AB* hacedle
680 Joan] *H* Juan
682 cuadrilias] *B* quaaldrillas

Benzaide lievar leonado
Con lunas de plata fina.
        ¡Ay ha!
Alcaide de los Donceles   685
Una marlota marilia,
Toda de Mahomas de oro
E mil arábigas cifras.
        ¡Ay ha!
Cuando estar jugando todos
Con el dargas y cañizas,   690
El Maestre de Santiaguas
Tener so gente escondida.
        ¡Ay ha!
Salir de repente juntos;
Damos voces al moriscas,
Desmayábase la Reina   695
Sobre una turca alcatifa.
        ¡Ay ha!
Lo que restamos aquí,
No permitilde que diga,
Por ser vitoria cristiana.

CAZADOR 1°   Buen moro, ansí tengas dicha,   700
                    Que dejes tu huerta pobre,
                    Y te vengas a Sevilla,
                    Donde te daré en mi casa
                    Sueldo con que alegre vivas.

ALÍ   ¿De veras?
CAZADOR 1°   Verdad te digo.   705

ALÍ   Tocamos mano.
CAZADOR 1°   Camina.

ALÍ   ¿Cómo os liamar?
CAZADOR 1°   Don Enrique.

ALÍ   ¿Borrique?
CAZADOR 1°   No vi en mi vida
                    Gracia como la del moro.

---

695 Desmayábase] AB desmayarase
708 Borrique] AB Borrico

ALÍ	Adiós, horta.
CAZADOR 2°	Pues estimas 710
	La caza, el galgo que llevas
	Te daré más que le pidas.

Vanse

Sale el Guardián de San Francisco, y otro Padre

GUARDIÁN	Esto se sabe muy cierto,
	Y que el proceso se ha visto
	Deste confesor de Cristo 715
	Muy de propósito.
FRAY ALONSO	Advierto
	Hoy a vuesa caridad
	Que si el santo Bernardino
	Se canoniza, camino
	A la sagrada ciudad. 720
GUARDIÁN	Grandes hijos va criando
	Nuestro seráfico Padre.
FRAY ALONSO	Tal dulces pechos la madre
	De su regla les ha dado
	Y su santa religión. 725
GUARDIÁN	Es Bernardino de Sena.
	Cuya fama el mundo llena
	De devota admiración:
	Sus milagros han crecido
	De suerte y calificado, 730
	Que el Pontífice, admirado,
	Ya el proceso definido,
	Le quiere canonizar
	Muy presto.
FRAY ALONSO	Veré del Santo
	La fiesta y honra, que tanto 735
	Debemos todos amar,

---

712 daré] *AB* dará
715-716 in *AB;* "Deste... propósito" are lines by Fray Alonso
732 definido] *A* difinido

         Pues en este tiempo ha dado
Tal lustre a la religión.

GUARDIÁN   Grandes los prodigios son
Que se han escrito y probado.   740

FRAY ALONSO   La devoción de María
Me dicen que fue notable
En este santo admirable.

GUARDIÁN   Con esta estrella por guía,
        ¿Qué mucho que viese el puerto   745
De la gran Jerusalén?

Sale un portero

PORTERO   Aquí está un hombre de bien.

GUARDIÁN   Y ¿sabéislo vos muy cierto?

PORTERO   Aunque pobre, lo parece.

GUARDIÁN   Entre. ¿qué puede querer?   750

Entra Diego

DIEGO   Hoy, Francisco, quiero ver
Si vuestra mano me ofrece
        Lo que debo a mi afición;
Que en lo demás soy indino.
Aquel Señor, Uno y Trino,   755
Cuyas tres personas son
        Un solo Dios, Padre mío,
Os abrase de su amor.
Yo, un cuitado labrador,
Que en su clemencia confío,   760
        Vengo a pedir un sayal
De los que sobran en casa.

GUARDIÁN   Esa limosna no pasa,
Buen hombre, de aquel umbral;
        Allá pedirse pudiera.   765

DIEGO   Quiero la casa también,
Y entré adentro a verla bien;
Que no se ve desde afuera.

---

767 bien] *B* bine

Guardián	¡Cómo! ¿ser fraile?
Diego	Señor,

Aunque indigno, pues hay huerta,   770
Cocina, edificio y puerta;
Por aquel divino amor
    Que en forma de serafín
Hirió a Francisco el costado,
Que me tengáis ocupado,   775
Y no más de hasta mi fin;
    Que en muriéndome, os prometo
De no os dar más pesadumbre;
Que me ha dado Dios su lumbre,
Que os busque y viva sujeto.   780

Guardián   Fray Alonso, ¿qué os parece?

Fray Alonso No sé qué he mirado en él.

Diego   Allá estaba en un verjel,
Que mejor mano merece,
    En compañía de un santo;   785
Pero vía yo que el alba
Daban los pájaros salva
Al Señor que alaban tanto;
    Y que luego, al mediodía,
La comida que les daba,   790
Con letras que gorjeaba
Cada cual agradecía.
    Al caer del sol, más bien
Los vía, Padre, cantar,
Y que antes de irse a acostar   795
Le daban gracias también.
    Pájaros también oía,
Que de noche le cantaban;
Y las aguas que sonaban
Lo mismo me parecía.   800
    El aire, entre verdes hojas,
Trataba sus alabanzas;
La tierra, con mil mudanzas
De flores blanças y rojas,
    Como con letras que hacía   805
Y labores que mostraba,

Su nombre santo alababa,
Y ¡yo solo no sabía!
    Imaginé que viniendo
A este convento, en el alba   810
Haría a aquel Señor salva,
Y después también comiendo;
    Al anochecer también,
Y a media noche mejor;
Y vine con este amor,   815
Padre, a procurar mi bien.
    Yo le juro que chiquito,
¿Qué es chiquito? de dos años
Besaba estos santos paños,
Y me alegraba infinito.   820
    Siempre lo tuve en deseo,
Y siempre a Dios lo rogué.
Pobre soy, así lo fue
Francisco, y pobres os veo.
    Al pobre Pedro y Andrés   825
Admitió al apostolado
Cristo; déme, Padre amado,
Un sayalejo, y después
    Verá qué rico que soy;
Pensará que soy monarca,   830
Rey, príncipe y patriarca.

GUARDIÁN   Por darle el hábito estoy.

FRAY ALONSO   Cierto, padre guardián,

Que su buena gracia y fe
Obliga a que se le dé.   835

GUARDIÁN   Donde otros legos están,
    Este buen hombre podría
Servir la casa también.

DIEGO   Padres, el sayal me den,
Que les prometo, a fe mía,   840
    De no les echar en costa,
De no comer ni beber,
Ni dormir, ni cosa hacer
Que no sea por la posta.

	Ea, Padre, ea, Señor,	845
	Dad al pobre Diego en casa	
	Un hábito.	
FRAY ALONSO	Al hombre abrasa	
	Fuego del divino amor.	
	Advierta su caridad	
	Que causa lástima grande.	850

GUARDIÁN	Cuando recibiros mande,	
	¿Qué haréis?	
DIEGO	Si digo verdad,	
	Besar el sayal bendito	
	Hilo a hilo, y después dar	
	Gracias a quien sabe honrar	855
	Con tal brocado un mosquito.	

Salen dos criados cargados y el portero

PORTERO	Don Juan de Guzmán envía	
	Esta limosna.	
GUARDIÁN	Bien viene,	
	Que el refitorio no tiene	
	Más que agua y pan este día.	860

| CRIADO | Eso supo mi señor, | |
| | Y os envía qué comer. | |

GUARDIÁN	Saben Guzmanes hacer	
	Ese cristiano favor;	
	Que como vienen de Bueno,	865
	Buenos son como el Guzmán	
	A quien este nombre dan,	
	De tantas virtudes lleno.	
	Ea, buen hombre, entrad vos,	
	Porque el hábito os pongáis.	870

Una voz dentro

Más ha entrado que pensáis.

| GUARDIÁN | ¿Qué es aquello? | |
| FRAY ALONSO | ¡Santo Dios! | |

| GUARDIÁN | Diránlo por la comida | |
| | Que entra agora en el convento. | |

Fray Alonso	Sin duda, porque el sustento,	875

En fin, conserva la vida.

Guardián   ¿Si fue fraile?

Fray Alonso   Eso sospecho,
Porque de muy alto habló.

Portero   Alguno fue que pasó.

Guardián   Esta voz pasó del techo.   880

Vanse el Guardián, Fr. Alonso y los criados

Diego   Padre portero...

Portero   Pues, bien,
¿Danle el hábito?

Diego   Sí, Padre.

Portero   ¡Oh, plegue a Dios que le cuadre
En cuerpo y alma también!
    ¿De dónde es?   885

Diego   Soy de un lugar
Que tiene un nombre famoso.

Portero   Si él es bueno y virtuoso,
Aquí puede conquistar
    Nombre famoso también.

Diego   ¿De qué suerte?   890

Portero   Con ser santo.

Diego   Soy un simple, y soylo tanto,
Que aun soy más de lo que ven.
    Nunca el *Christus* aprendí...
Miento, que del *A,B,C*.
Solamente el *Christus* sé,   895
Y ése en el alma imprimí.

Portero   Pues sepa que es esa letra
Más sabia que cuanto sabe

---

880 techo] *CH* pecho
893 *Christus*] *A Christos*
895 *Christus*] *A Christos*

El filósofo más grave
Que cielo y tierra penetra.   900
      Christus es alfa y omega,
Porque es Dios principio y fin
Sin principio y fin; que, en fin,
Es círculo que no llega
      Ni a comenzar ni acabar.   905
CHRISTVS, si le deletrea,
Hallará una *C*, en que crea,
Y una *H* para aspirar*,
      I, para mostrarse indino,
S, para ser un santo,   910
y una *T* que gane tanto,
Que de humano sea divino,
      Porque aquesta *T* es el todo;
Y así, a Dios llamaron Teos,
Fin de todos los deseos;   915
Y *T* que es modelo y modo
      De la cruz que ha de llevar,
Porque le muestra en dos brazos
Cómo le ha de dar abrazos,
Y nunca le ha de dejar.   920
      La *V* le muestra que vino
A ser de Cristo a esta casa;
La *S* final, que pasa
A otro ser, que es ser divino.
      Esto es *Christus*: deletree   925
Allá dentro esta lición;
Que, sabida su afición,
No tiene más que desee.

DIEGO   ¡Ay, mi portero del cielo!
No en balde me abristes vos,   930
Para que yo entrase a Dios.

---

900 cielo] *AB* cielos
906 *CHRISTUS*] *A Christos*
* Debe de faltar una redondilla relativa a la letra R del nombre CHRISTVS. De la *H* se
pasa a la *I*, omitiendo la significación de la *R*. (Nota de H.)

Esa doctrina, ese celo,
Me ha de dar vida, aprendida.

PORTERO   El padre le aguarda ya.

DIEGO   Francisco, ya estoy acá;   935
No me deje, por su vida.   936

---

932 celo] *H* cielo

ACTO SEGUNDO

Entra el padre de Diego, y Esteban, otro labrador

PADRE	Fuese, Esteban, como os digo,
	De la ermita en que vivía,
	Sin que dejase aquel día
	De su partida testigo; 940
	Porque aun del mismo ermitaño
	No sé si en esta ocasión
	Quiso tomar bendición.
ESTEBAN	Y qué, ¿apenas en un año
	Supiste dél? 945
	Y aun sospecho
	Que han pasado más de dos
	Que no supe dél.
ESTEBAN	Si Dios
	Iba esforzando su pecho,
	No os espantéis que a ninguno
	Diese cuenta de su intento. 950
PADRE	Días ha que estoy contento
	De ver que no hay hombre alguno
	Que de aquesta tierra venga,
	Que no me cuente que Diego,
	Puesto que el hábito lego 955
	Sólo de Francisco tenga,
	Es tan bueno y ejemplar,
	Que le estiman como santo.
ESTEBAN	De esa fama no me espanto,
	Pues la tuvo en su lugar; 960
	Que bien sabéis que decían
	Que admiraba su piedad
	Y santa simplicidad
	A cuantos hombres le vían.
PADRE	Tantas cosas me han contado, 965
	Y tanto me han persuadido,

---

940 partida] *B* partido
964 hombres] *AC* hombre

    Que hasta Córdoba he venido,
    Y a su convento he llegado
      Deste aquel nueso lugar,
    Que ya sabéis que confina   970
    Con Cazalla y Constantina,
    A ver si le puedo hablar.

ESTEBAN   San Francisco, me parece,
    Que de Arrizafa se llama
    Ese convento.   975

PADRE   La fama
    De Diego en extremo crece
      Por toda esta tierra, y tanto
    Que donde quiera que llego,
    Dicen que es buen hombre Diego.

ESTEBAN   ¿Cómo buen hombre? Es un santo.   980

PADRE   En Córdoba me informé
    De que a media legua está.
    ¡Ay Dios, quién le viese ya!

ESTEBAN   Con vos por mi gusto iré,
      Ya que en aquesta ocasión   985
    Tuve dicha en encontraros;
    Que después de acompañaros,
    Tomaré su bendición.

PADRE   Dios os lo pague.
ESTEBAN   Y os ruego
    Que a San Nicolás volvamos   990
    Juntos.
PADRE   Pienso que llegamos.

              Dentro

    ¡Válgame el hermano Diego!
PADRE   ¿Qué es aquello?
ESTEBAN   Gente viene,
    "¡Válgate Diego!" decían.
PADRE   Esas voces, ¿qué serían?   995

---

968 he llegado] *AB* llegado
982 a media] *A* media

Entren dos o tres caminantes, y traigan en brazos uno

CAMINANTE 1º	Agua ese arroyuelo tiene;
	Echádsela por la cara.
CAMINANTE 2º	No es, amigos, menester.
CAMINANTE 1º	¡Mala bestia! Hasta caer,

Cuando se espanta, no para.   1000
    Ya pienso que la cogió
El mozo de mulas.

CAMINANTE 2º   El
Suba en bestia tan cruel,
Que aunque a pie me fuese yo,
    No he de ponerme, ni es justo,   1005
A peligro de matarme.

PADRE   De aquéstos quiero informarme.
No reciban a disgusto
    Que les pregunte, señores,
Por qué, cuando se espantó   1010
Aquella mula, y cayó
Más en peñascos que en flores,
    Dijeron a voces todos:
"¡Válgame el hermano Diego!"

CAMINANTE 1º   Porque éste es un fraile lego   1015
Que por tan divinos modos
    Ha llegado a la excelencia
Y cumbre de santidad,
Con alta simplicidad,
Humildad y penitencia,   1020
    Que en esta tierra, si ven
Un mal caso, dicen luego:
"¡Válgate el hermano Diego!"

PADRE   Mil gracias a Dios se den.

CAMINANTE 1º   Ea, volved a subir,   1025
Que de aquí a Córdoba hay poco.

1015 éste] *B* esse
1019 alta simplicidad] *AB* esta simplicidad alta

CAMINANTE 2°   ¡Aunque yo estuviera loco!
                    Porque oí siempre decir:
                        "De falsa mula y mujer,
                    Ni fiar ni confiar."   1030
                    A pie quiero caminar.

CAMINANTE 1°   Seguro vais de caer.

Entranse

ESTEBAN   ¿Qué os parece del estado
                    Que tiene en la religión
                    Vuestro Diego?

PADRE   Cosas son   1035
                    De que estoy tan admirado,
                      Que me suspende el sentido
                    El placer de tanto bien.

ESTEBAN   Ya las paredes se ven
                    Del templo a que habéis venido.   1040

PADRE   Sin duda es el monasterio.

ESTEBAN   Llamad a la portería.

PADRE   ¡Ay, mundo, tu tiranía,
                    Tu imperio, tu cautiverio,
                      Qué bien que se libra aquí!   1045
                    ¡*Deo gratias*!

Sale el portero

PORTERO   Por siempre, hermano.

PADRE   El llanto detengo en vano,
                    Que ya quiere hablar por mí
                      ¿Cómo podremos hablar
                    Al hermano Diego?

PORTERO   ¿A quién?   1050
PADRE   A Diego.
PORTERO   Conozco bien
                    A quien vienen a buscar;
                      Pero aquesta admiración
                    Nace de buscarle agora,
                    Cuando ya tan lejos mora   1055
                    Desta tierra.

PADRE   El corazón
                         Temeroso me decía
                         Que no le había de ver.

PORTERO   Harto he sentido perder
                         Su agradable compañía;   1060
                             Que es bueno el hermano Diego.

PADRE   Padre, ¿dónde fue a morar?

PORTERO   Hermano, está en medio el mar;
                         Porque la obediencia, luego
                             Que su virtud conoció,   1065
                         Para bien de aquella tierra,
                         Y hacer al demonio guerra,
                         A Canaria le envió;
                             Que es bárbara aquella gente
                         Y no conocen a Dios.   1070

PADRE   ¡No nos veremos los dos,
                         Hijo mío, eternamente!

PORTERO   ¿Su padre sois?
PADRE   Sí, señor

PORTERO   Hermano, tenga consuelo
                         Y esté agradecido al cielo   1075
                         Por tan divino favor
                             Como darle un hijo que es
                         Hombre que la religión
                         Envía en una ocasión
                         De tan divino interés.   1080
                             Es fray Juan de Santorcaz,
                         El Padre que le llevó,
                         Gran santo; y pues le escogió
                         Por animoso y capaz
                             Desta nueva conversión,   1085
                         Antes lo debe estimar.

PADRE   Quisiérale ver y hablar.

PORTERO   Efectos de padre son.
                             Espérelo en Dios, y crea
                         Que le ha de volver a España;   1090

>   Entre, y el que lo acompaña,
>   Porque el Guardián los vea,
>   Que recibirá consuelo,
>   Y aquí podrá descansar.

PADRE   ¡Cómo, Diego, te he de hallar   1095
                   Si vas camino del cielo!

Entranse

Salen Fr. Diego, Fr. Juan y Fr. Pablo

FRAY DIEGO   Padres, ¡a un hombre lego, a un ignorante,
                   Por Guardián eligen del convento!
                   No, por amor de Dios; no, Padres míos.

FRAY JUAN   Alcese de la tierra, padre Diego.   1100

FRAY PABLO   Padre fray Diego, téngase. ¿Qué hace?
                   Suelte, Padre, los pies. ¡Jesús! Deténgase,
                   Deténgase, ¿no ve que es nuestro padre?

FRAY DIEGO   Padres, cuando a un idiota, a un hombre lego
                   Quieren dar este oficio, no se admiren   1105
                   De que bese sus pies, pues el maestro
                   De la humildad, el soberano Cristo,
                   Lavó a sus doce, que eligió en discípulos,
                   Los pies; y algunos... ¡Ay, Jesús, que algunos!...
                   Y aquí son todos buenos, todos tales,   1110
                   Que me avergüenzo en ver que a mí me elijan.

FRAY PABLO   ¡Cómo, si para ser más conocida
                   Su santidad, debiera ser probada
                   Con acto de humildad tan excelente!

FRAY DIEGO   Padres, Padres, por Dios, por nuestro Padre, 1115
                   Les pido que me quiten el oficio.
                   ¡Yo Guardián donde hay seis sacerdotes
                   Ejercitados en divinas letras!

FRAY JUAN   Ya no hay que replicar; todos los votos
                   Unánimes lo quieren y conformes.   1120

FRAY PABLO   Ya es nuestro padre. ¿Qué se cansa en esto?

FRAY DIEGO   Padres, miren que soy un hombre tonto,
                   Ya se lo aviso; si después hiciere

Alguna cosa fuera de su gusto,
No se quejen de mí, pues que no es justo.   1125

FRAY JUAN   Padre fray Diego, más queremos todos
Lo que él errare, cuando errase en algo,
Que lo que acá mejor acertaríamos.

FRAY DIEGO   Una vez me dijeron que había dicho
Un sabio, un capitán, un rey, un hombre   1130
(Cierto que yo no sé cuál destos era),
Que era mejor de ciervos un ejército
Con capitán león, que de leones
Con ciervo capitan; y así presumo
Que siendo todos, Padres, leones pardos,   1135
No aciertan en tener capitán ciervo.
Haré mil boberías cada día;
Soy yo naturalmente mentecato.
Pues un hombre sin ciencia ni experiencia,
¿Es bueno que gobierne los letrados?   1140

FRAY JUAN   Sí, Padre, si de Dios la tiene infusa.
Y dé luego principio a lo que importa
Para la conversión de aquestos bárbaros,
Ya que en Fuerteventura se convierten
Por sus palabras tantos, que parece   1145
Que Dios le ha dado gracia como apóstol.

FRAY DIEGO   Y aun en eso verán si yo soy bárbaro,
Pues que los que lo son, sólo me entienden.

FRAY PABLO   Padre, la Gran Canaria, como ha visto,
Rayo no tiene de la luz de Cristo;   1150
Mire cómo ha de ser el convertilla.
Las armas de la gente de Sevilla
No me parece que será importante.

FRAY DIEGO   Verdad es; que son pocos, aunque es gente
Ejercitada, práctica y valiente,   1155
Y los bárbaros muchos; mas yo quiero
Ir en la nave y verlos el primero.

FRAY PABLO   Hará servicio a Dios tan agradable,
Cuanto para los Reyes de Castilla
Será de estimación y maravilla.   1160

FRAY DIEGO   Vamos a concertar que yo me embarque.
¡Ay, Dios de mis entrañas! ¡Ay, si fuese
Diego tan venturoso que muriese
Por vuestra fe, y aunque tan vil persona,
De mártir mereciese la corona!   1165

Entranse

Salga una bárbara, toda coronada de plumas, con un arco

CLARISTA   Detente, ciervo, si acaso
Mis ligeros pies conoces,
Más que los tuyos veloces
Para el aliento y el paso;
Que por este campo raso   1170
Puedo vencer tu furor
Con ligereza mayor,
Supuesto que al viento igualas;
Que, sólo por ir con alas,
Pudiera alcanzarme amor.   1175
Amor me alcanzó, aunque Reina
De la Gran Canaria soy,
Porque en el reino que estoy,
Amor poderoso reina.
¿Qué sirve el oro que peina   1180
A la sirena del mar?
¿Qué sirve al neblí el volar?
¿Qué sirve al ciervo el huir,
Ni a la mujer el fingir,
Si amor los puede alcanzar?   1185
Selvas, yo no le declaro,
Y así es mayor mi tormento,
Que encubrir el pensamiento
Es el tormento más claro;
De vuestras aguas me amparo   1190
Como cierva en la corriente;
Que viene herida a la fuente.

1165 stage direction, *Entranse*] *AB Entrense*
1182 volar] *AB* valor
1186 le] *B* lo

¡Ay cielos, dichosos son
Los que aman por elección
Y olvidan por accidente!   1195

Sale Tanildo, bárbaro, con su bastón

Tanildo   Por aquí pienso que fue,
Y fue siguiendo una fiera,
Como si más fiera hubiera
Que en su condición se ve.
Detened su blanco pie,   1200
Conchas del mar plateadas,
Para que quedéis doradas
Con aquellas plantas bellas,
Dignas de pisar estrellas
En las regiones sagradas.   1205
Espinos del monte, haced
Muro a sus pies corredores...
Pero no; tenelda, flores,
Y entre sus dedos creced.
Arboles altos, poned   1210
Las ramas delante dellas;
No escondáis luces tan bellas
Y dejéis escuro el suelo;
Que no llegaré a su cielo
Si me quitáis las estrellas.   1215
Yo adoro al sol, cuya vista
Me enseña que es Dios el sol,
Ya por su hermoso arrebol,
Ya porque no le resista;
Pero en mirando a Clarista,   1220
Creo que ella al sol ha hecho,
Y que es más diosa sospecho,
Cuanto con más fuego abrasa,
Pues dél me guarda mi casa,
Y della no al alma el pecho.   1225
Allí viene. ¿Dónde vas
Por estas playas a solas?

1193 dichosos] *B* dichos

| CLARISTA | Voy a ver del mar las olas, |
| | Porque no paran jamás. |

TANILDO	Su inquietud imitarás 1230
	Si tanto sus aguas miras.
	Pero, ¿por qué te retiras
	De los hombres y mujeres?
	O, como ninguno quieres,
	¿Por las deidades suspiras? 1235

CLARISTA	Tanildo, yo no me voy
	A la soledad por ser
	Sola y singular mujer,
	Sino porque triste estoy.

TANILDO	Clarista, príncipe soy 1240
	De dos islas, que en belleza
	Compiten con la riqueza
	De tu Gran Canaria; advierte
	Que soy poderoso y fuerte,
	Y que te igualo en nobleza. 1245
	¿Qué te faltará conmigo
	Si por marido me admites,
	Aunque serlo solicites
	De mi cobarde enemigo?
	A darte en arras me obligo 1250
	Dos mil plumas de colores
	Que no se han visto mejores
	Cuando se arrebola el cielo,
	O se asoma a ver el Suelo
	El sol a sus corredores. 1255
	Daréte otras tantas pieles
	Que en blandura y hermosura
	Compiten con la blancura
	Que ver en la espuma sueles.
	Diez tocados con joyeles 1260
	De inestimable valor,
	Donde la costa y labor
	Vale más que los diamantes,
	Con ser ellos semejantes
	Con el planeta mayor. 1265

Una cama te daré
Lebrada en boj de tal modo,
Que se ve pintado todo
Cuando en las islas se ve,
Y dos vasos que yo sé   1270
Que son dignos de tu boca,
Que no es alabanza poca;
Pero podrás guarnecellos
De perlas, sólo en ponellos
A las que la lengua toca.   1275
         ¿Qué te puede dar Lisoro,
Pobre y tu vasallo? Mira
Que a toda Canaria admira
Que mires mal tu decoro;
Yo te igualo y yo te adoro,   1280
¿Para qué quieres con guerra
Alborotar esta tierra?
No seas, si puede ser,
En la condición mujer,
Que por sus consejos yerra.   1285

CLARISTA   Tanildo, mi gente viene.
                  Después te responderé.

*Salen los bárbaros que puedan, con muchas plumas y arcos, los músicos
       y los que bailan, de la misma suerte*

ALIRA   Por aquí dicen que fue.

DIRENA   Mirando el mar se entretiene.

FELISTO   Con ella Tanildo está.   1290

LISORO   Celos de Tanildo tengo.

TANILDO   ¡Que apenas a verla vengo,
                  Y éste me lo impide ya!

CLARISTA   Si aquí no pones remedio,
                  Direna amiga, un celoso   1295
                  Hará algún hecho afrentoso.

DIRENA   Yo me pondrá de por medio.
                      Pues busca alguna invención.

DIRENA	Un baile.
CLARISTA	El baile prevén.
LISORO	¡Tú con Tanildo, mi bien!
CLARISTA	¿Celos? No tiene razón.
	Siguióme; no pude más.
DIRENA	Ea, Felisto y Liseo,
	Cantad; que alegrar deseo
	A Clarista.
CLARISTA	No podrás.
ALIRA	Ea, vaya un baile.
FELISTO	¿Cuál?
ALIRA	El canario.
FELISTO	Va por mí.
DIRENA	El es el mejor, y aquí
	Es su patria natural.

1300

1305

Canten y bailen el canario los bárbaros y las mujeres

Canaria lira,   1310
Lilirum fa;
Que todo lo vence
Amar y callar.
En la Gran Canaria,
Isla deste mar,   1315
Que los españoles
Quieren conquistar
Para el rey Enrique
Que en Castilla está,
Nacen hombres fuertes   1320
Que la guardarán,
Nacen bellas damas
Que les quiere dar
Favores que lleven
Para pelear.   1325
Ellos, que las sirven,
Cristianos traerán;
Para sus cautivos
Los esperan ya.
Canaria lira,   1330

Lilirum fa;
Que todo lo vence
Amar y callar.
Quien ama callando,
¿Qué no alcanzará?   1335
Todo lo merece
Servir y callar.
¡Viva nuestra Reina
Mil siglos y más!
Déle el sol esposo   1340
De hermosura igual;
Amor, tales hijos,
Que pasando el mar
Conquisten a España
Sin quedarse allá;   1345
Y sus bellas hembras
Nos traigan acá,
Para que la sangre
Que en Canaria está,
Juntándose a España   1350
Pueda sujetar
Desde el indio negro
Al blanco alemán.
    Canaria lira,
    Lirium fa;   1355
    Que todo lo vence
    Amar y callar.

Sale un Bárbaro

BÁRBARO   ¿Qué hacéis en bailes ociosos,
Caballeros de Canaria,
Descendientes de gigantes,   1360
Que hoy en aquestas montañas
En las cuevas de sus riscos
De siete codos se hallan?
¿Qué hacéis? que un fuerte navío
Lleno de españolas armas,   1365
Viene de Fuerteventura
Con capitanes de España,
Haciendo con altas voces

	Del mar resonar las aguas	
	Y estremecerse los montes.	1370

TANILDO   Calla, Minodante, calla;
             Que adonde Tanildo vive,
             No tiene fuerzas España.
             Trocad, bárbaros valientes,
             Los instrumentos en mazas,   1375
             En amenazas las voces,
             Y los bailes en hazañas.
             No temas, Clarista hermosa.

CLARISTA   ¿Tú solo, Tanildo, bastas?

TANILDO   Como eso pueden hacer   1380
             El amor y la esperanza.

LISORO   ¿Así me dejas?
CLARISTA   ¿Qué quieres?
             Los españoles lo causan;
             Que es infamia hablar de amores
             En tiempo de guerra y armas.   1385

             Salen Fr. Diego y un capitán y algunos soldados

FRAY DIEGO   Acometamos, señores,
             Y tengan justa esperanza
             En Dios.
CAPITÁN   Padre, sí tenemos;
             Pero en cosas temerarias
             No es bien pedirle favor.   1390

FRAY DIEGO   Pues, ¿por qué razón desmayan?
CAPITÁN   Porque somos pocos...
FRAY DIEGO   ¿Pocos?

CAPITÁN   Y destas montañas bajan
             Bárbaros que el suelo cubren,
             Y mar y tierra amenazan;   1395
             Y si allá en Fuerteventura
             Dijeron que genta tanta

1386 stage direction, *Fr. Diego*] AB *San Diego*

Aquestas islas cubría,
¿Quién viniera conquistarlas?
Envíe Enrique, si quiere,   1400
Una poderosa armada;
Que un navío, no es razón
Que pierda ducientas almas.

FRAY DIEGO   Pues, vayan con Dios, señores,
Que aquesta cruz es mi espada   1405
Y yo pelearé con ella.

CAPITÁN   Luego, ¿de quedarse trata?

FRAY DIEGO   Quedarme quiero a morir
Por Cristo.

CAPITÁN   Yo le dejara
Si allá no me lo tuvieran   1410
A mal.

FRAY DIEGO   ¡A mal! ¿Por qué causa?

CAPITÁN   Porque habemos de morir
Todos o ninguno.

FRAY DIEGO   Hallaba
Yo por mi cuenta, señores,
Que era yo ninguno y nada;   1415
Y así, bien puedo morir.

CAPITÁN   Los canarios a la playa
Bajan con arcos diversos.
¡Embarca! ¡A la mar! ¡Embarca!

FRAY DIEGO   Señores, por Dios les pido...   1420

CAPITÁN   Vaya, Padre.
UN SOLDADO   Padre, vaya.
Echa la plancha.

FRAY DIEGO   ¡Dios mío!
SOLDADO   Vaya, acabe.
CAPITÁN   Echa la plancha.

FRAY DIEGO   Mi Cristo, supla el deseo
Donde la sangre no alcanza.   1425

_____

1424 supla] B snple

Vanse

Salen un mayordomo y Alí, morisco

MAYORDOMO   Ea, salid noramala.

ALÍ   Para vos tener razón;
                Mas para mí en afesión,
                Mentir, senior maestresala.

MAYORDOMO   El Veinticuatro no quiere   1430
                Tener quien no crea en Dios.

ALÍ   Creemos mejor que vos.
                ¡Al poto que no creyere!

MAYORDOMO   No volváis más a esta casa.

                           Entrase

ALÍ   El colpa me tener yo,   1435
                Que el bona casa dejó
                Que pasar, por el que pasa.
                    Estarme yo me contento
                Con Borrique de Guzmán;
                Comer dos anios so pan,   1440
                E poder comelde cento;
                    E por una pesadombre
                Salir fora sin borqué,
                E venir donde mudé
                Naturaleza e costombre.   1445
                    Darme mi ropa, beliaco.

                           Dentro

                ¿No hay un lacayo?
ALÍ   ¡Oste poto!
                Este negocio andar roto.
                Caliar mentras ropa saco
                Y el guitarra que tenemos.   1450

_____

1430 Veinticuatro] *AB* Venticuatro
1435 stage direction, missing in *AB*
1439 Borrique] *AB* Borrico
1442 por] *A* per
1449 saco] *AB* el saco

Dentro

¡Oh, qué palos le daré!

ALÍ ¡Valga el diablo a vosancé!
El guitarra, ¿qué debemos?
¡Pobre Alí!

Sale un panadero con su pala

PANADERO   Vaya saliendo
Con orden todo ese pan,   1455
Y lo demás sacarán
Como se vaya cociendo.

ALÍ   Este parecer a mí
Bon cifio. ¿Estar panadero,
Senior?

PANADERO   ¿Queréis algo?

ALÍ   Espero   1460
Haliar un amo.

PANADERO   ¿Vos?

ALÍ   Sí.

PANADERO ¿Qué sabéis hacer?

ALÍ   Comemos
E dormimos, e cobramos
Salario que trabajamos.

PANADERO Muy buen recado tenemos   1465
De dormir y de comer!
¿Cobráis salario?

ALÍ   Es burlar.
Ben sabel de trabajar
En lo que ser menester.

PANADERO   ¿Andaréis una tahona?   1470

ALÍ ¡Válgate Dios! ¿Estar bestia?
No poder tanta molestia
A sofrilde la brosona.

1461 vos] *B* vod

Panadero	¿Qué habéis sido?
Alí	Jardinero

De Zamudio el Venticuatro.   1475
Servímosle tres o cuatro
Meses; ser bon cabaliero;
    Mas tener un becarilio
Por mayordomo, e salir
Donde podelde vivir,   1480
Por no metelde un cochilio.

Panadero	¿Leña traeréis para un horno?
Alí	Si, senior; al monte andar

E saber leña cortar;
Que al cifio antiguo me torno.   1485

Panadero   Pues, entrad, y si os agrada
La casa y ella de vos,
Concertaremos los dos,
Por meses, vuestra soldada.

Alí	¿Tenelde macho o pollino? 1490
Panadero	Macho.
Alí	Estar bon capitán.

Tú lievar quien cocer pan,
E no te beber el vino.

                        Vanse

Salen Esteban y Lorenzo con unos bieldos de aventar trigo

Esteban   El aire corre de suerte,
Que es de limpiar lindo día.   1495

Lorenzo   Deseado le tenía;
Mas no que fuese tan fuerte.

Esteban   Comencemos esta parva.

Lorenzo   Tomad esotro lugar,
Porque me venís a dar   1500
Con la paja por la barba.

1475 Venticuatro] *CH* Veinticuatro
1481 cochilio] *AB* cochillo

| ESTEBAN | ¡Lindamente ha sucedido
El año, gracias a Dios! | |

Sale Mencía con una cesta y un sombrero de paja

MENCÍA	Ya, ¿querréis comer los dos?	
LORENZO	Y aun haber también comido.	1505
ESTEBAN	Pardiez, que vienes Mencía, Para decirte un requiebro.	
MENCÍA	Para serviros, me quiebro Pies y manos cada día, Y ¡en quillotros me pagáis!	1510
ESTEBAN	¿Qué tenemos por quillotros?	
MENCÍA	Las cosas con que vosotros A las mujeres burláis. ¿Ha venido por acá El amo?	
LORENZO	Ya viene ahí.	1515

Sale el padre de Fr. Diego

PADRE	Holgar y hablar, ¡eso sí! Bien me lo cuidaba allá. Donde tú vienes, Mencía, Poco dejas trabajar.	
MENCÍA	¡A mí me queréis culpar!	1520
PADRE	Como te vienes baldía, Querrás que lo estén los mozos.	
MENCÍA	¡Lo que gruñen estos viejos! Y no dan estos consejos Cuando tienen rubios bozos.	1525
PADRE	Ea, que hoy ha de quedar Limpia en las eras la parva, Porque esta noche, por barba A pollo habéis de cenar.	

1504 stage direction, *paja*] B *paga*
1523 viejos] A vieos

LORENZO	¿A pollo? ¡Oh cuerpo de mí!	1530
	Y entiéndese con la olla.	
ESTEBAN	Más quisiera yo la polla.	
MENCÍA	Dos frailes vienen aquí.	

Salen Fr. Juan y Fr. Pablo

FRAY JUAN	¿Hay limosna, gente honrada,	
	Para San Francisco?	
PADRE	Y ¡cómo!	1535
	En mí tiene un mayordomo,	
	Pues por él tengo aumentada	
	La pobre haciendilla mía.	
FRAY PABLO	También pedimos dinero,	
	Que aquí viene un limosnero	1540
	Que nuestro convento envía;	
	Que van en esta ocasión	
	Cubriendo aquesta campaña	
	Mil religiosos de España	
	A la canonización	1545
	Del santo fray Bernardino	
	De Sena.	
PADRE	Yo, Padre, quiero	
	Dar mi trigo y mi dinero,	
	Pues de su mano me vino.	
	Tengo un hijo que, aunque es lego,	1550
	Le estima la religión,	
	Y esto me da su oración.	
FRAY JUAN	¿Cómo se llama?	
PADRE	Fray Diego.	
FRAY JUAN	¿El es su padre?	
PADRE	Yo soy.	
FRAY JUAN	Haga cuenta que ha engendrado	1555
	Un santo.	
PADRE	Al que le ha criado,	
	Eternas gracias le doy.	
	¿Sabránme, Padres, decir	
	Si ha de volver de Canaria?	

FRAY PABLO	Si la mar no le es contraria,	1560
	No ha de tardar en venir;	
	Que le envían a llamar	
	Para ir a Roma.	
PADRE	¡Ay Dios mío!	
	En vuestra piedad confío	
	Que le podré ver y hablar.	1565
	No se cierren estos ojos	
	Hasta que a fray Diego vea,	
	Ni antes la tierra posea	
	Estos caducos despojos.	
FRAY PABLO	Padre, muy presto será,	1570
	Que desde Canaria a España,	
	Si buen viento le acompaña,	
	En ocho días vendrá.	
PADRE	Vénganse, Padres, conmigo,	
	Lleven mi hacienda los dos;	1575
	Por ellos me aumenta Dios	
	El aceite, vino y trigo.	
MENCÍA	Denme, Padres, a besar	
	El hábito.	
FRAY JUAN	Dios la guarde.	
LORENZO	¡Ah, padres! vengan, que es tarde,	1580
	Y tenemos que limpiar.	
FRAY JUAN	Fray Diego vendrá a ayudar	
	Muy presto.	
PADRE	Esperólo así,	
	Si el viento que corre aquí	
	Le diese Dios por la mar;	1585
	Pero yo sé que mi santo	
	No pasara estos enojos	
	Si viniera por mis ojos,	
	Que también son mar de llanto.	

1587 pasara] B pasarà

Vanse

Salen Fr. Diego y Fr. Alonso

FRAY ALONSO	Milagro, Padre, ha sido	1590
	Tantas leguas de mar alborotada	
	Tan presto haber corrido.	
FRAY DIEGO	No importa a la oración la mar airada.	
	Dios dijo que aun harían	
	Mayores cosas los que en él creían.	1595
FRAY ALONSO	Trescientas leguas dicen	
	Que hay de Canaria aquí.	
FRAY DIEGO	Poco los vientos	
	Al hombre contradicen	
	Que puestos tiene en Dios sus pensamientos.	
FRAY ALONSO	Triste queda Canaria.	1600
FRAY DIEGO	Fue partida forzosa y necesaria.	
FRAY ALONSO	Grande provecho hacía	
	Entre los fieros bárbaros canarios;	
	Que a muchos convertía	
	Con viva voz y con ejemplos varios.	1605
	Apóstol me parece,	
	Pues de lenguas el cielo le enriquece.	
FRAY DIEGO	¡Ay! ¡si yo pareciera	
	No más de bueno! Pero soy tan malo,	
	que, como bestia fiera,	1610
	Desprecio de los cielos el regalo.	
FRAY ALONSO	Desierta es esta orilla,	
	Marisma de Sanlúcar a Sevilla.	
	Tenerme puedo apenas	
	De hambre, Padre mío; y él me espanta,	1615
	Que por estas arenas	
	Puede pasar con ligereza tanta,	
	Y pienso que ha comido	
	Yerbas tres días, y del río bebido.	

1597 Poco] *AB* Muchos

FRAY DIEGO   Padre, los animales   1620
                       Merecen esas yerbas, que agradecen
                       Los dones celestiales;
                       Mis pecados aun yerba no merecen.
                       Aquella historia he oído
                       Del rey que anduvo en bestia convertido;   1625
                            Así, Padre, debiera
                       Vivir por estos campos este indino,
                       Que ha convertido en fiera
                       Su soberbia, su loco desatino,
                       Con la estatua que ha hecho   1630
                       De la ambición de su ignorante pecho.

FRAY ALONSO   Padre fray Diego, crea
                       Que yo soy hombre y que me muero de hambre.
                       Si mi vida desea,
                       Ruéguele a Dios que la vital estambre   1635
                       Que amenaza la muerte,
                       Esfuerce, y tenga de su mano fuerte,
                            O que en este desierto
                       Pan de su cielo santo nos envíe.

FRAY DIEGO   Pues, Padre, esté muy cierto,   1640
                       O mejor que Israel en Dios confíe.

FRAY ALONSO   Padre, ya me desmaya
                       La hambre y la aspereza desta playa.

FRAY DIEGO   Mirar, mi Padre, quiero
                       Entre estas yerbas. ¡Dios me valga! Espere. 1645
                       El pan hallé primero.
                       Vino y pescado es esto.
FRAY ALONSO   Padre, ¿quiere
                       Que me arroje a sus plantas?

FRAY DIEGO   ¡Qué! ¡Vuestras son, Señor, mercedes tantas!

FRAY ALONSO   Padre, muestre y perdone,   1650
                       Que no puedo dejar de darle besos
                       Con que mi intento abone,
                       Para que queden en el pan impresos.

_____

1641 O] _H_ Y

Fray Diego	Espere, Padre; tome.
	¡Jesús! ¡*Deo gratias*! ¿De esa suerte come? 1655
Fray Alonso	Pues, ¿cómo, si en tres días
	No he comido bocado? Agora, ¿llama
	La muerte niñerías?
	¿Tengo de hacer melindres como dama?
	Pues el cielo lo envía, 1660
	El no comerlo ingratitud sería.
	Como, Señor divino,
	Por ser cosa tan vuestra. Padre, coma,
	Y beba deste vino,
	Que está adobado de precioso aroma. 1665
Fray Diego	¿De esa manera bebe?
Fray Alonso	Padre, el ser de los ángeles me mueve;
	Que si otro lo guisara,
	Que si otro lo trajera, no lo crea.
Fray Diego	Pues, ¿cómo no repara 1670
	En que esto acaso, y no milagro, sea?
Fray Alonso	No diga cosas tales.
	¿Niega que son mercedes celestiales?
Fray Diego	Merced el darlo ha sido;
	Pero alguno, por dicha, en este prado, 1675
	Su merienda ha perdido.
Fray Alonso	Pues si otro la perdió, yo la he ganado.
	Venga, Padre, comiendo.
Fray Diego	Que habemos de ir los dos a Roma entiendo.
Fray Alonso	Coma desta manera, 1680
	Y vamos a Venecia, a Transilvania,
	Y hastas la Libia fiera,
	Y a los leones de la inculta Albania.
	¿Qué no quiere un traguito?
Fray Diego	*Deo gratias*.
Fray Alonso	Pues a fe que está fresquito. 1685
Fray Diego	En la manga o capilla
	Ponga lo que sobrare, y caminemos;

Que he de entrar en Sevilla
A tiempo que en la misa gracias demos
A aquel Rey infinito.   1690

FRAY ALONSO   ¡Oh, cuánto le esforzara otro traguito!

Entran

Sale la mujer de aquel panadero, y Alí

MUJER   ¿Qué es esto que has hecho, moro?

ALÍ   ¿Qué querelde que haber hecho?

MUJER   Rásquese mi duro pecho,
              Báñese mi pecho en lloro.   1695

ALÍ   Seniora, el horno encender
              Como lo tener mandado.

MUJER   Mi hijo en él se había entrado;
              Todo se debe de arder.

ALÍ   ¡El niño!
MUJER   Entróse, ¡ay de mí!   1700
              Y en el horno se durmió.

ALÍ   Eso, ¿qué sabelde yo?
              So marido andar aquí.

Entra el panadero

MUJER   ¡Ay, marido de mi vida!
              ¡Nuestro niño se ha quemado!   1705

PANADERO   ¿Francisquito? ¡Ah, cielo airado!

MUJER   ¡Toda la leña encendida,
                 Y el niño dentro durmiendo!

PANADERO   ¡Tristes! ¿qué habemos de hacer?
              Pero dejádmele ver,   1710
              Aunque se esté todo ardiendo.

Descúbrase un horno todo ardiendo y echando llamas por la boca

              ¡Hijo de mi corazón!
              ¿Puedes hablar?

1691 traguito] B tragito

MUJER   No es posible;
                Que ya en el fuego terrible
                Perdió la respiración.   1715

PANADERO   Ya no es de provecho el agua.

ALÍ   ¿Que diablo estar de provecho,
                Si estar desde el suelo el techo
                El horno como una fragua?

MUJER   ¡Ay, miserable de mí!   1720
                Crecen las llamas feroces.

                Sale Fr. Diego y su compañero

FRAY DIEGO   Hermana, ¿de qué da voces?

MUJER   ¡Ay, Padre, ayúdeme aquí,
                      No le digo que a sacarme
                Un niño que ardiendo está,   1725
                Sino a que me libre ya
                De dar en desesperarme!
                      Téngame Dios en su mano,
                Que me abrasaré con él.

FRAY DIEGO   ¡Detente, fuego cruel,   1730
                Por el Señor soberano
                      Que a los tres libró!

PANADERO   La llama el Padre santigua.

FRAY DIEGO   A la Virgen de la Antigua,
                De quien soy devoto yo,   1735
                      Id, hermana, brevemente,
                Y esta vida le pedid,
                Y algo, por mí, le decid
                Con el alma tiernamente.

MUJER   Yo voy, padre de mis ojos;   1740
                Que verle me ha consolado.

                              Vase

FRAY DIEGO   Salid acá, niño amado,

1736 brevemente] *H* brevememente
1742 stage direction, *Vase.* missing in *A B*

> Que no sois vos los despojos
> Que han de quedar deste fuego.

Mete el brazo en el fuego y sácale

Panadero	¡Milagro! ¡Milagro!	
Alí	¡Logo	1745
	Salir! ¿Qué templar el fogo?	

Fray Alonso   Déjame besar, fray Diego,
      Esos pies.

Fray Diego   ¡Jesús, hermano!
      ¿No ve que a la Virgen bella,
      Del mar y del campo estrella,   1750
      Y aurora del bien humano,
       Se debe, después de Dios,
      Tan justo agradecimiento?

Panadero   No tenéis entendimiento
      Para agradecerlo vos;   1755
       Mas yo por vos, hijo mío,
      Besaré a este santo lego
      Los pies.

Alí   ¿No conocer Dego
      A Alí, que estar de so tío
       Hortelano en so logar?   1760
      ¿No se acordar del ermita?
      Estar brosona bendita;
      El ropa querer besar.
       E miramos que te digo
      Que cristiano querer ser   1765
      Por lo que acabar de ver.

Fray Diego   ¡Dos mil veces te bendigo,
       Clementísimo Señor!
      Alí, ¿qué estás por acá?

Alí   Cristiano querer ser ya;   1770
      Salimos de tanto error.

1745 Logo] *AB* Lo
1765 cristiano] *A* Gristiano
1770 Cristiano] *A* Gristiano

     Mahoma estar un beliaco.
     Escopimos zancarrón,
     E tenemos alfeción
     Del voso divino saco.   1775

FRAY ALONSO   Padre, la voz se levanta
     Del milagro por Sevilla;
     Y es muy justa maravilla.
     Pero en la cosa más santa
      Suele entrar la vanagloria.   1780

FRAY DIEGO   Dice bien; más, ¿por qué en mí?

FRAY ALONSO   Venga, Padre, por aquí.

FRAY DIEGO   A Dios se debe la gloria.

ALÍ   Padre, yo ser to devoto.
     Dame el agua.

FRAY DIEGO   Ven conmigo.   1785

ALÍ   Yo estar de to ley amigo,
     Que Mahoma ser un poto.

      Vanse

    Entran el Guardián y Fr. Juan

GUARDIÁN   Esto me escriben de Roma.
     Notables fiestas se hacen.

FRAY JUAN   Y, ¿qué os dicen de la Orden   1790
     De Francisco, nuestro padre,
     Tan grande suma?

GUARDIÁN   Que son
     Tres mil y ochocientos frailes.

FRAY JUAN   ¡Bendiga Dios tantos hijos
     De Francisco!

GUARDIÁN   Cardenales   1795
     Y obispos también son muchos,
     Si lo es que de ciento pasen,
     En la gran ciudad de Roma.

FRAY JUAN   ¡Que un hombre muerto es bastante
     A juntar ese concurso!   1800

GUARDIÁN	Sí, Padre, cuando es tan grande
	Por santidad y virtud,
	Porque quiere Dios honrarle
	En el cielo y en la tierra.

| FRAY JUAN | ¡Ay, que somos miserables, | 1805 |
| | Pues no queremos ser santos! | |

Sale un portero

PORTERO	¿Saben como vengo a darles
	Nuevas a sus reverencias,
	Que les serán agradables?
	Fray Diego está en el convento.	1810

GUARDIÁN	¿Qué dice?
PORTERO	Sus caridades
	Le verán en un momento.

| GUARDIÁN | Mil años será un instante. |

| PORTERO | Pues, ¿saben qué hay de camino? |

FRAY JUAN	Como este convento yace	1815
	Bien tres leguas de Sevilla,
	Ninguna cosa se sabe.

PORTERO	Un milagro de fray Diego,
	Aunque él a la Reina y Madre
	De piedad y de la Antigua,	1820
	Por tiempos inmemoriales
	En la iglesia mayor puesta,
	Le atribuyó.
GUARDIÁN	Muy bien hace.

PORTERO	De un horno ardiendo ha sacado
	Un niño.
FRAY JUAN	¡Cosa notable!	1825
	¡Bendito mil veces sea
	El autor de obras iguales!
PORTERO	Venle ahí.

Salen Fr. Diego y Fr. Alonso

1828 stage direction, *AB read Sale Fray Diego*

FRAY DIEGO   Dadme los pies,
              Padres en Cristo, y mis padres,
              Aunque hijo indigno.   1830
GUARDIÁN   El cielo
              En su servicio le guarde,
              Padre fray Diego. ¡Jesús!
              ¡Qué bueno viene! No trae
              Señal de largo camino.

FRAY DIEGO   Ni aun de ser bueno señales.   1835
              ¿Cómo están? Buenos están,
              Ya lo veo. ¡Qué ignorante!
              Más lo vuelvo que lo fui.
              Perdonen.
FRAY JUAN   ¡El es un ángel!

FRAY ALONSO   Pues a fe, que si le viesen   1840
              Sus caridades las carnes,
              Que no podrían sufrir
              Que la cara los engañe.

GUARDIÁN   ¿Hay hierro?
FRAY ALONSO   Gruesas cadenas,
              Y un rallo tan penetrante,   1845
              Que no entiendo cómo vive.

GUARDIÁN   Porque quiere sustentarle
              Quien le quiso hacer tan bueno.

FRAY JUAN   Diga, Padre: los gigantes
              Y bárbaros de Canaria,   1850
              ¿Cómo llevan que les traten
              De que dejen a sus dioses,
              Y la fe de Cristo ensalcen?

FRAY DIEGO   En los de Fuerteventura
              Impresión hace el tratarles   1855
              Los misterios de la fe;
              Los de la Canaria Grande
              Defienden que entren en ella;

1854 Fuerteventura] *B* fuertes ventura

	Pero si los conquistase	
	El Rey, como en Dios lo espero,	1860
	(Aunque tiempos adelante),	
	También la fe tomarían,	
	Puesto que es gente intratable,	
	Y más los que Guanchos llaman,	
	Que allá en Tenerife caen.	1865

PORTERO   ¿Qué visten?
FRAY DIEGO   Plumas y pieles
De diversos animales.

PORTERO   ¿Qué armas?
FRAY DIEGO   Arcos y flechas,
Con que en la región del aire,   1870
Aunque fuese la tercera,
No están seguras las aves.

GUARDIÁN   Padre fray Diego...
FRAY DIEGO   ¿Qué manda
Su caridad?
GUARDIÁN   Sepa, Padre,
Que a la canonización
Que en Roma agora se hace   1875
Del padre San Bernardino,
Luego que un poco descanse,
Se ha de partir, que lo quiere
La obediencia...
FRAY DIEGO   ¡Que me place!

GUARDIÁN   Con el padre fray Alonso   1880
De Castro, porque allá traten
Lo que verán, por escrito.

FRAY DIEGO   Padre, para luego es tarde.

GUARDIÁN   Vaya a ser canonizar
A San Bernardino, y calle,   1885
Que otros podría ser que fuesen
A verle... Pero esto baste.   1887

ACTO TERCERO

Entran Estacio y Amaro, estudiantes

ESTACIO	Notable devoción me ha dado el verle.
AMARO	No pude yo sin lágrimas mirarle.

ESTACIO   A ejemplo de fray Diego, cada día   1890
Mil estudiantes van tomando el hábito.

AMARO   Santa María de Jesús se llama
Este convento de Alcalá de Henares;
Nombres de capitanes tan ilustres,
Que con razón alistan los soldados.   1895
Este es de la Custodia de Toledo,
y su Arzobispo reedifica agora
La iglesia y casa, y su famoso entierro
En la mayor capilla.

ESTACIO   Es don Alonso
Carrillo, aficionado con extremo   1900
Al pardo paño que bordó Francisco
Del oro y piedras de su regla santa.

AMARO   Así me pareció que vi vestido
A nuestro compañero.

ESTACIO   El fue dichoso
En despreciar el mundo desta suerte,   1905
Si ha de perseverar.

AMARO   Mucho regalo
Y vida de mancebo distraído
Tuve en el siglo; pero Dios es grande.

ESTACIO   El santo Diego, que movió su pecho,
Con sus consejos le tendrá seguro;   1910
Que si él es verde yerba, Dios es muro.

Sale el padre de San Diego y Esteban

PADRE   Aquí nos informarán;
Que es lástima que no pueda
En lo poco que me queda
(Que pocos días serán),   1915
    Ver un hijo que engrandece
Todo el mundo.

ESTEBAN   Estos señores
                  Estudiantes o doctores,
                  Que aquí el cielo nos ofrece,
                      De fray Diego nos dirán.   1920

PADRE   Señores, ¿que orden tendremos
                  Si a fray Diego ver queremos?

ESTEBAN   Que muy presto le verán,
                      Porque ha de salir de aquí,
                  Cual suele, a dar de comer   1925
                  A los pobres.
PADRE   ¿Puede ser
                  Que tal bien pase por mí?

AMARO   Vienen a buena ocasión;
                  Porque después que llegó
                  De Roma, donde asistió   1930
                  En la canonización
                      Del santo fray Bernardino,
                  Y que de la Andalucía
                  Le trujo el dichoso día
                  Que a Alcalá de Henares vino   1935
                      El Vicario provincial,
                  Que es fray Rodrigo de Ocaña,
                  Hombre tan raro en España,
                  Que apenas conoce igual.
                      Vivió fray Diego el convento   1940
                  Que llaman Nuestra Señora
                  De la Salceda.
ESTACIO   Ya es hora
                  De salir a dar sustento
                      A infinita gente aquí,
                  Que con su limosna vive.   1945

PADRE   Quien tanta de Dios recibe
                  Bien puede darla.
ESTACIO   Es así.

1933 de la] AB del
1947 Es así.] A assigned to PADRE

AMARO   Allá el Padre en penitencia
                         Pasaba el tiempo; aquí en obras
                         Tan piadosas, que de sobras   1950
                         Desta casa y su abstinencia
                             Hace milagros notables.
                         Allá una cueva vivía,
                         Donde el demonio vencía,
                         Cuyas voces lamentables   1955
                             Aquellos Padres oyeron
                         Muchas veces; y aquí agora
                         Su caridad atesora
                         En estos sacos, que fueron
                             Siempre las arcas del cielo,   1960
                         Y la santa vida activa
                         Junta a la contemplativa,
                         Cual muchos santos lo hicieron.

PADRE   Diego lo debe de ser.
                         Verle, señores, querría,   1965
                         Que desde el Andalucía
                         Con ansía le vengo a ver.

AMARO   De cualquier necesidad,
                         Remedio hallaréis en él.

*Salen seis pobres con sus horteras, y dos mujeres, y Fr. Diego detrás con
     la cuchara, y Fr. Alonso con la olla y el pan*

FRAY DIEGO   No han de llegar de tropel.   1970

                         Sale un soldado

SOLDADO   Deme a mí su caridad.

FRAY DIEGO   Pónganse por orden, santos;
                         Que el padre Francisco hará
                         Que haya para todos.
PADRE   Ya
                         Que merezco bienes tantos   1975
                             De tu gran mano, Dios mío,
                         Cuando quisieres me lleva.

1970 stage directions, *olla*] B *bolla; Fr. Diego*] AB *el santo*

SOLDADO	En esta escudilla nueva,
	Antes que el caldo esté frío,
	Eche, por Dios, padre Diego;
	Porque estoy de arcabuzazos
	Tullido de pies y brazos.

1980

Sale un cojo

COJO	Destos soldados reniego.
FRAY ALONSO	Callen y déjenle dar,
	Que el Padre sabe mejor
	Lo que ha de hacer.
FRAY DIEGO	El Señor,
	Que los suele sustentar,
	Agora lo hará también.

1985

UN MUCHACHO	Deme pan, padre fray Diego.
UNA MUJER	¡Padre...!
FRAY DIEGO	Callen, que ya llego.

1990

SOLDADO	¡Que a todos sustento den
	Y falte para un soldado
	Hecho un harnero!
FRAY DIEGO	Por eso,
	Que no le di le confieso;
	Pero yo tendré cuidado,
	Que si un harnero está hecho
	Todo el cuerpo, claro está
	Que el caldo se le saldrá,
	Y no le entrará en provecho.

1995

SOLDADO	¡Oiga el reliente del Padre!
	Eche un sorbo solamente,
	Pues ha dado a tanta gente.

2000

FRAY DIEGO	Pare su escudilla, madre.
MUJER	Págueselo Dios, amén.
SOLDADO	Y yo, ¿soy algún guillote?

2005

..............................✳

2005 guillote] *B* gillote
✳   Falta un verso.

FRAY ALONSO	¿Que importa que no le den?	
SOLDADO	¿Que importa? Luego el comer,	
	¿No es negocio de importancia?	
COJO	No tenga tanta arrogancia.	2010
SOLDADO	Pues, cojo de Lucifer,	
	Está empedrando de pan	
	Su escudilla, y yo perezco,	
	¡Y arrogante le parezco!	
	Pues, Padres, si no me dan,	2015
	Echaréme de cabeza	
	En ese pozo de caldo.	
	Deje, por Dios, de aguinaldo	
	Que moje aquesta corteza.	
	Mire que he estado en Argel,	2020
	En la Mancha, en Roma, en Troya,	
	En Galicia y en Saboya,	
	En Sanlúcar y en Daimiel;	
	Y me han dado mil heridas	
	Enemigos de la fe.	2025
FRAY DIEGO	Calle, que yo le daré.	
SOLDADO	Tengo las tripas caídas	
	En las rodillas, de hambre.	
COJO	Muéleste, y no te han de dar.	
SOLDADO	Comer pudiera y callar	2030
	El señor cara de alambre.	
COJO	Señor soldado fingido,	
	¿Sabe como si me apoda	
	Alborotaré la boda?	
SOLDADO	¡Tome!	
	Dale con un palo en la escudilla	
FRAY DIEGO	*Deo gratias.* ¿Qué ha sido?	2035

2023 Daimiel] *B* Damiel

Cojo	La escudilla me ha quebrado.
Soldado	¡Miren la cara que pone!

      Su reverencia perdone;
      Que soy soldado y honrado,
       Y no es mucha maravilla.   2040
      "Mentís," me dijo; y recelo
      Que dice el libro del duelo
      Que le quiebre la escudilla.

       Sale Alí, morisco, de pobre

       ¡A lo que habemos venido!
      Estar Dios siempre alabado...   2045
      Mas pensar que haber llegado
      Cuando habemos repartido
       El olla, so reverencia.
      Echar, bon fray Diego, aquí.

Fray Diego	¿Es Alí?
Alí	No ser Alí; 2050

      Tal estamos diferencia.

Fray Diego	¡Válate Dios! ¿Cómo vives

      Deste modo?

Alí	Andar berdido,

      Porque no haber conocido
      El bon Senior que tú tienes;   2055
       Que como sabes, Sevilla
      Bautizamos, y despós
      Hacer mal, castigar Dios,
      E quebramos un costilla.

Fray Diego	Quien no sirve a Dios, Alí, 2060

      Nunca espere buen suceso.

Soldado	¡Echele bien de eso espeso!

      ¡Que vengan moros aquí,
       Y se lleven el sustento!

2052 Válate] *CH* Válgate; vives] *CH* vienes
2055 Senior] *CH* Señor
2059 costilla] *A* costilia

FRAY DIEGO	Ea, váyanse con Dios.	2065

SOLDADO   ¿Y yo, Padre?
FRAY DIEGO   ¿No os di a vos?

SOLDADO   ¡A mí!
FRAY DIEGO   A vos.
SOLDADO   ¡Qué lindo cuento!
Con la olla cargaré.

FRAY ALONSO   *Deo gratias.*
COJO   Toda la lleva.

MUJER   Vamos tras él.
FRAY ALONSO   ¡Buena prueba   2070
De paciencia!
COJO   Ya se fue.

Vanse los pobres

ALÍ   El tombo del olla estar
Linda cosa. Andrar tras él.

FRAY DIEGO   Entrese, Padre, con él.

FRAY ALONSO   Pienso que la han de quebrar.   2075

Llega el padre de Fr. Diego

PADRE   ¡Padre mío, ya no hijo,
Sino padre, y padre amado!
¿Conóceme?   Ya me ha dado
FRAY DIEGO   Ya me ha dado
El alma tal regocijo,
Que me dice bien quién es.   2080

PADRE   Dame esos pies, por favor.

FRAY DIEGO   ¡Jesús, mi padre y señor!
Yo he de estar a vuestros pies.

PADRE   Pues, te ven mis ojos, Diego,
Ya bien se pueden cerrar.   2085
Mil gracias tengo que dar
A Dios, pues a verte llego.

2076 stage direction, *AB* read *Llega su padre*

             No vengo en esta ocasión
           Más de a pedir que me des,
           Para morir a tus pies,   2090
           Mi Diego, tu bendición;
             Que no fuera desta vida,
           Sin tu bendición, contento.

FRAY DIEGO   ¡Padre mío, el veros siento,
             Cual decís, a la partida!   2095
               Hacedme, padre, un placer:
             Que no sepan que aquí estáis;
             Que cuando vos os partáis,
             Prometo de iros a ver.

PADRE   Pues, ¿cómo, Diego, sabrás   2100
             Cuándo Dios quiera llevarme?

FRAY DIEGO   Dios hará que pueda hallarme
             Con vos en San Nicolás.
               Y echadme la bendición,
             Que no puedo detenerme.   2105

PADRE   ¿Prometes, hijo, ir a verme?

FRAY DIEGO   Si Dios quiere, en ocasión
               Que os sirva de algún consuelo.

PADRE   Hijo, bendígate Dios.

FRAY DIEGO   El os guarde, padre, a vos,   2110
             Y a entrambos nos lleve al cielo.

PADRE   ¡Qué breve conversación!
             Ojos, llorad la partida
             Del sol que alumbra mi vida.

FRAY DIEGO   Dios os dé su bendición.   2115

                             Vanse
             Salen Amaro y Estacio, estudiantes

AMARO   En lo que digo paró
             La furia de nuestro amigo.

ESTACIO   Pésame, Dios me es testigo.

2118 me es] *B* es

AMARO	Este papel me escribió.
	En que dice que no puede 2120
	Llevar tal vida adelante.
ESTACIO	¡Que fuese tan ignorante!
	¡Que no hay remedio que quede,
	Siquiera por la vergüenza
	De amigos y de parientes! 2125
AMARO	De tantos inconvenientes
	No hay ninguno que le venza.
	El no es para fraile; aquí
	Me dijo que le esperase,
	Para que le acompañase. 2130
ESTACIO	Eso es peor.
AMARO	¿Cómo ansí?
ESTACIO	¿Pedir no fuera mejor
	Su vestido?
AMARO	Salir quiere
	Por la huerta; que se muere
	De vergüenza y de temor. 2135
	¡Por la huerta!
AMARO	Aquí esperemos,
	Que él poco puede tardar.

Sale Fr. Pedro, novicio

FRAY PEDRO	Ya me deben de aguardar.
	Ea, vergüenza, ¿qué hacemos?
	¿Qué importa lo que dirán, 2140
	Que todo será ocho días?
	Memorias de cosas mías
	Notable pena me dan.
	Yo no soy para obediencia.
	¡Oh! ¡Qué mal en esta edad 2145
	Se pierde la libertad!

Sale Fr. Diego

2134 muere] *B* mueae

FRAY DIEGO	No, Señor, por tu clemencia;
	Y pues te le truje yo,
	No permitas que se pierda.
	Francisco, pues vuestra cuerda 2150
	Este pajarito ató,
	¿Por qué le dejáis volar
	Donde la liga del mundo
	Le coja para el profundo?
	De rodillas he de estar 2155
	Hasta que me hagáis favor
	De detenerle.
FRAY PEDRO	¿Qué aguardo?
	¡Yo cordón! ¡yo sayal pardo!
FRAY DIEGO	¡Cristo! ¡Francisco! ¡Señor!

Arrodíllase

FRAY PEDRO	Por este claustro saldré. 2160

*Descúbrense en dos peñas San Francisco y
Cristo Nuestro Señor, crucificado*

FRAY DIEGO	¡Ay, Francisco, que se va!

*Al salir el fraile, baja San Francisco la mano y Cristo Nuestro Señor
desclava de la cruz la suya, y tiénenle entrambos*

SAN FRANCISCO	Pedro, ¡así me dejas ya!
FRAY DIEGO	Cogióle; no se le fue.
CRISTO	Pedro, mi yugo es süave;
	Prueba, prueba, y lo verás. 2165
FRAY DIEGO	Y el mismo amor; ¡eso más!
FRAY PEDRO	¡Ay, Señor!
FRAY DIEGO	Pues si la llave
	De aquella mano divina
	Os agarra de esa suerte,
	Preso estáis hasta la muerte. 2170
FRAY PEDRO	Señor, tu piedad inclina
	A mi ignorancia; Francisco,
	Que me perdone le ruega.

FRAY DIEGO	Pues, ¿a quién el perdón niega?
SAN FRANCISCO	Vuélvete, Pedro, a mi aprisco, 2175
	Vuélvete, que este piadoso
	Señor te dará perdón.
CRISTO	Sí haré, por intercesión
	De mi alférez vitorioso.
FRAY DIEGO	A lindo puerto ha llegado, 2180
	Porque entre Francisco y Dios
	Hay diez llagas.
FRAY PEDRO	A los dos
	Prometo...
FRAY DIEGO	Y como honrado
	Lo cumplirá, yo le fío.
FRAY PEDRO	De perseverar.
FRAY DIEGO	Sí hará. 2185

Suéltenle, poniendo Cristo su mano en la cruz, y San Francisco elevado

FRAY PEDRO	¿Qué es lo que pasa por mí?
	¿Qué es esto que he visto aquí?
FRAY DIEGO	Admirado el bobo está;
	Que no ve que le han cogido
	Los mejores cazadores 2190
	Que para redes de amores
	El cielo y tierra ha tenido.
FRAY PEDRO	Las imágenes me hablaron
	Que en aquesta puerta están,
	Y aun detenido me han, 2195
	O los ojos me engañaron.
	¿Quién anda aquí? que ya todo
	Me espanta.
FRAY DIEGO	Pedro, ¿a dó bueno?
FRAY PEDRO	¡Oh, mi fray Diego!
FRAY DIEGO	El sereno
	Le hará mal, si deste modo 2200
	Fuera de la celda está.
FRAY PEDRO	Padre, si él estaba aquí,
	¿Qué mal habrá para mí?

FRAY DIEGO   Ninguno puede haber ya.
                    Cumpla lo que ha dicho; ¿entiende?   2205

FRAY PEDRO   Padre...
FRAY DIEGO   Váyase con Dios.

                    Vase Fr. Pedro

                Si estáis de por medio vos
                Con fuego que el alma enciende,
                    ¿Qué mucho que se deshaga
                El hielo de nuestro pecho?   2210
                Mucha merced me habéis hecho.
                ¿Qué os daré, mi bien, por paga?
                    ¿Qué hará el ignorante Diego,
                Mi Jesús, por vuestro amor?
                ¿Qué hará el pobre labrador,   2215
                El idiota, el fraile lego,
                    El miserable, la tierra,
                La ceniza, el polvo, el nada?
                Aquí estáis, mi cruz amada,
                Bandera contra la guerra   2220
                    Del enemigo del hombre.
                En verdad que he de sacaros,
                Y aquí en medio acomodaros,
                Para que mejor se asombre.
                    ¡Oh, qué linda habéis de estar   2225
                Para deciros amores!
                ¡Quién tuviera muchas flores
                Con que os poder coronar!

                Tome una cruz que estará arrimada a la pared y
                        póngala en medio del teatro

                    Muere la vida, y muero yo sin vida,
                Ofendiendo la vida de mi muerte;   2230
                Sangre divina de las venas vierte,
                Y mi diamante su dureza olvida.
                    Está la Majestad de Dios tendida
                En una dura cruz, y yo de suerte,

2208 con fuego] *AB* fuego
2232 diamante] *A* diamente

Que soy de sus dolores el más fuerte,   2235
Y de su cuerpo la mayor herida.
   ¡Oh duro corazón de mármol frío!
Tiene tu Dios abierto el lado izquierdo,
Y ¡no te vuelves un copioso río!
   Morir por él será divino acuerdo.   2240
Mas eres tú mi vida, Cristo mío,
Y como no la tengo, no la pierdo.

Vaya subiendo con música por la cruz a lo alto, elevado
Salen Fr. Juan y el portero

FRAY JUAN   Digo, Padre, que es muy cierto
Que le he visto aquí elevado.

PORTERO   Yo, Padre, no lo he dudado;   2245
Mas del silencio le advierto.

   Sienten los siervos de Dios
Que se publiquen sus cosas.

FRAY JUAN   Cuando son tan misteriosas
Como sabemos los dos,   2250
   Para su gloria ha de ser.

PORTERO   ¡Mire, Padre, lo que pasa!

FRAY JUAN   ¡Cielo se ha vuelto esta casa!

PORTERO   Padre, ¿qué se puede ver
   De mayor gozo en el suelo?   2255

FRAY JUAN   De la cruz son los favores.
PORTERO   Dícele tantos amores,
Que se va con ella al cielo.

Baje con música

FRAY JUAN   Escóndase, Padre, aquí;
No vea que le hemos visto.   2260
FRAY DIEGO   Cama de mi dulce Cristo,
¡Quién se viera en vos así!
   ¡Dichosos Pedro y Andrés,

2243 stage direction, *elevado*] B enado
2252 FRAY] C FRAN

Que tanto bien merecieron!
¡Dichosos los que pusieron   2265
En vos sus manos y pies!
    Pero ya el alba se muestra.
Mis enfermos, ¿qué dirán?
Mi cruz, menos me echarán;
Yo os vuelvo a la pared vuestra,   2270
    Porque tengo que les dar...

Quítela del encaje, y vuélvala donde estaba de antes

Ciertas purgas y jarabes.

Vase

FRAY JUAN   De sus amores süaves
Le debieron de apartar
    Nuestras voces, si por suerte   2275
En el éxtasis divino
Las sintió.

PORTERO   ¡Por qué camino
Va previniendo su muerte
    Este santo lego, Padre!
¡Cómo enseña a los letrados!   2280

FRAY JUAN   ¡Qué pechos bien empleados
De la religión, su madre!

PORTERO   Notables batallas cuentan
Que con el demonio tuvo
    En la Salceda.   2285

FRAY JUAN   Allí estuvo
Como una roca que intentan
    Derribar en medio el mar
Los vientos; allí en el hielo,
Su puro y honesto celo
Quiso mil veces mostrar.   2290
    Cual su padre San Francisco,
allí en Zarza le imitó;

2272 stage direction, *Quítela*] *AB Quítele*
2274 apartar] *AB* apretar

> Allí también le arrojó
> De una escalera y de un risco;
>   Allí, en forma humana, hablar   2295
> Con los ángeles le vieron.
> ....*

PORTERO   Pues, ¿qué hicieron
> En venir a conversar
>   Con quien su Señor divino
> Tantas veces conversó?   2300

FRAY JUAN   El ángel, ¿cuerpo tomó?

PORTERO   ¿Luego no, cuando convino
>   Para lo que Dios le ordena?

FRAY JUAN   ¿Cómo le toma?
PORTERO   Eso, Padre,
> En Santo Tomás verá,   2305
> Para que pueda enterarse.

FRAY JUAN   ¿Qué cuestión?
PORTERO   Cincuenta y una;
> Y en Alejandro de Alaes,
> En la cuestión treinta y cuatro,
> San Buenaventura trae,   2310
> Y Escoto con los doctores
> Escolásticos, lugares
> Claros en esta materia.

FRAY JUAN   ¿Cuerpo humano toma el ángel?

PORTERO   Cuerpo humano el ángel toma   2315
> Cuando al hombre quiere hablarle.

FRAY JUAN   Oiga, Padre, este argumento.

PORTERO   No tiene que argumentarme.

FRAY JUAN   Oiga, digo.
PORTERO   ¿Qué he de oir?

---

* Falta un hemistiquio
2308 Alaes] *AB* Ales

Sale Fr. Diego con un vaso

FRAY DIEGO	Diga que un momento aguarde, 2320
	Que voy muy de prisa agora
	A llevar este jarabe.
FRAY JUAN	Oiga y responda.
PORTERO	Sí haré.
FRAY JUAN	Sepa que es error notable
	Presumir nadie de sí. 2325
FRAY DIEGO	De sí no presuma nadie.
	¿Qué es esto?
PORTERO	Vaya, fray Diego,
	A sus enfermos, que es tarde;
	Que él no sabe nada desto.
FRAY DIEGO	Ya lo sé; Dios sólo sabe; 2330
	Mas díganlo, por mi vida.
PORTERO	Era cuestión *utrum angeli*
	Possunt assumere corpora.
FRAY DIEGO	¿Si puede tomar el ángel
	Cuerpo?
PORTERO	¡El latín entendió, 2335
	Que le dije por burlarme!
FRAY DIEGO	Y ¡cómo, pues es de fe,
	Y en la Escritura probable!
	Tres ángeles vio Abraham
	Que concebido anunciasen 2340
	A Isac, como tres varones;
	Dos a Loth, en otra parte,
	El incendio de Sodoma;
	Tobías, de lindo talle
	vio un mancebo, que ángel fue; 2345
	Y San Lucas dijo, Padres,
	Que entró el ángel a la Virgen:

2320 stage direction, *Fr. Diego*] *A San Diego*
2340 concebido] *A* concibido

                    Luego si entró, queda fácil
                    Que tuvo cuerpo.

PORTERO   ¡Hay tal cosa!
                    Dic, Pater, et possunt mali   2350
                    Assumere corpus?

FRAY DIEGO   Sí,
                    Y es de fe.

FRAY JUAN   ¡Caso notable!

FRAY DIEGO   En figura de serpiente,
                    Muy conforme a sus maldades,
                    Se puso en el Paraíso;   2355
                    Esto los niños lo saben;
                    Y a Cristo, allá sobre el monte,
                    Le llevó a que le adorase.
                    Y conforma esta razón,
                    Que las cosas naturales   2360
                    Le quedaron como al bueno;
                    Luego es argumento fácil
                    Que si el bueno le tomó,
                    El malo puede tomarle.

PORTERO   ¿Qué es tomar cuerpo?   2365

FRAY DIEGO   Es hacer
                    Por señal manifestarse
                    Sensible, en que se conozca
                    Que está allí.

PORTERO   Padre, repare
                    En cosa tan milagrosa.

FRAY JUAN   No habrá ingenio que no espante.   2370

PORTERO   ¿Toma por necesidad
                    Cuerpo?

FRAY DIEGO   No.

PORTERO   Pues, ¿cómo?

FRAY DIEGO   Aguarde.
                    Sólo por nuestro provecho
                    Le toma el bueno, pues hace
                    Con esto que el hombre aquí   2375

2361 Le quedaron] *A* Les quedarán

                    Familiarmente le trate,
                    Y es mostrar la compañía
                    Que en la vida perdurable
                    Hemos de tener con ellos;
                    Que como los malos, Padre,   2380
                    Le toman para ofenderle,
                    Los buenos para ayudarle.

PORTERO   Diga; el ángel, ¿organiza
                    Aquel cuerpo?

FRAY DIEGO   No, prepárale.

PORTERO   Si el malo en ángel de luz   2385
                    O en Cristo se transformase.
                    ¿Será adorarle pecado?

FRAY DIEGO   Será pecado adorarle
                    Si ignorancia no lo excusa...
                    Mas, Padres, ellos acaben   2390
                    Esta cuestión; que en verdad
                    Que, como soy ignorante,
                    Me olvidaba del enfermo
                    Que ha de tomar el jarabe.

                              Vase

FRAY JUAN   ¡Hay cosa más peregrina!   2395

PORTERO   Cosas sobrenaturales
                    No están en naturaleza,
                    Padre mío, ni en el arte.
                    Todo esto es claro milagro.

FRAY JUAN   ¿Qué mayor que ver que hable   2400
                    Un lego idiota en materia
                    Tal alta, y que nos declare
                    Tan fácilmente el concepto
                    Que de aquestas cosas hace?

PORTERO   No tendré por hombre pío   2405
                    A ninguno que dudase
                    Que aqueste es puro inocente.

2389 excusa] *AB* excuse

FRAY JUAN	Tan evidentes señales
	De su santidad, no pueden
	Por ningún hombre negarse. 2410
PORTERO	Bastaba su caridad.
FRAY JUAN	Y este ejemplo solo baste;
	Que a un leproso, que ninguno
	Osaba al rostro mirarle,
	Le lamió todas las llagas. 2415
PORTERO	Pues las limosnas que hace,
	De milagros están llenas,
	Porque sin pan, vino y carne,
	Sobra vino, carne y pan.
	Ya viene el patrón que hace 2420
	Nuestro convento de nuevo.
FRAY JUAN	Dios le prospere y le guarde.

Sale D. Alonso Carrillo, Arzobispo de Toledo, y el Guardián

GUARDIÁN	Vuseñoría Ilustrísima esté cierto
	Que esos arcos serán así mejores.
ARZOBISPO	Queda aquéste muy grande y descubierto. 2425
GUARDIÁN	Ocuparse podría con las labores.
ARZOBISPO	¿Adonde está fray Diego?
GUARDIÁN	Allá en su huerto.
	Cogiendo flores y diciendo amores.
ARZOBISPO	En extremo le soy aficionado.
FRAY JUAN	Si hubieras visto lo que aquí ha pasado, 2430
	Con más razón, señor, merced le hicieras.
ARZOBISPO	¿De qué manera?
PORTERO	Por probarle, intento
	Argüirle en latín, y tan de veras
	Ha entendido y resuelto el argumento,
	Que si de Escoto o Alejandro oyeras 2435
	La conclusión y el claro entendimiento,
	No pudieras salir más satisfecho.

2423 stage direction, *Alonso*] B *Alonson*

ARZOBISPO	Vámosle a ver
PORTERO	El cielo está en su pecho.

Vanse

Sale Fr. Diego con unas lechugas y unos rábanos

FRAY DIEGO   A la fe que los cogí,
Y no lo vio el hortelano;   2440
Ellos se guardan en vano
De mis hurtos y de mí.
En no hallando por aquí
Algo que a la puerta dar,
La huerta lo ha de pagar.   2445
Paciencia, huerta, que el día
Que Dios estas cosas cría,
Vos no las podéis negar.
    ¡Oh, qué lechugas tan bellas!
¡Bendito sea su autor!   2450
¡Qué rábanos, qué color!
Mas quien hizo las estrellas
Y otras mil cosas sin ellas,
¿Qué mucho que muestre en esto
Su poder tan manifiesto?   2455
Pero quiérolas lavar,
Que tiempo habrá de tratar,
Amor dulcísimo, desto.
    No las quiero dar así;
La tierra quiero quitallas,   2460
Y en este arroyo lavallas,
Pues él se me ofrece aquí.
Mucho ha, mi bien, que a ti
Ninguna cosa te canto;
Pues aguarda, Jesús santo,   2465
Que he de lavar y cantar.
Música te quiero dar,
Pues que della gustas tanto.

Siéntese a lavar las lechugas, y cante

2439 stage direction, *Fr. Diego*] *A San Diego*
2469 stage direction, *cante*] *B canto*

	Estábase Dios Eterno	
	En su trono soberano...	2470

Dentro

| MÚSICA | Cercado de ángeles bellos,
Que le estaban adorando. | |

| FRAY DIEGO | Lástima el Señor tenía
Del miserable hombre humano... | |

| MÚSICA | Aunque le había ofendido,
Inobediente e ingrato. | 2475 |

*Sale un Demonio, que así como vaya lavando los rábanos y poniéndolos
a un lado, se los vaya cogiendo*

| FRAY DIEGO | Justicia y misericordia
En su pecho están luchando... | |

| MÚSICA | Venció el amor, en efeto,
Y así dijo al Verbo Santo... | 2480 |

Vuelva la cabeza, y vea cómo el Demonio le coge la hortaliza, y diga

| FRAY DIEGO | ¡Oh, bellaco! ¡La hortaliza
Que estoy cogiendo y lavando
Para los pobres, me llevas! | |
| DEMONIO | De envidia, Diego, lo hago,
De ver que van lo que cantas
Los ángeles acabando. | 2485 |

Vase

| FRAY DIEGO | Dame, traidor, mi hortaliza.
Pero no, que de tu mano,
Ni aun para los pobres quiero
Cosa ninguna, bellaco...
Bellaco, que fuiste hermoso,
Y fuiste al Señor ingrato,
Que tan hermoso te hizo...
Pero, ¡ay Dios! ¿quién se ha dejado
Este brevïario aquí? | 2490

2495 |

2471 stage direction, *Dentro*] *AB Dentro la música*
2476 e] *H* y

Abrir quiero el breviario.
¡Quién entendiera, Dios mío,
Estos versos y estos salmos,
Que os cantaba vuestro abuelo,
Después de haberlos llorado!   2500
Dadme un maestro, Señor.

De una invención se le ponga un Niño Jesús sobre el libro

¡Oh, mi niño soberano!
Si me venís a enseñar,
Yo seré el mayor letrado
Que haya tenido la tierra.   2505
Decid, decid, que ya aguardo.
Enseñadme el A B C
Con este puntero santo,
Donde os entró la lición
Con sangre, pues fue en tres clavos   2510
Comencemos por el *Christus*.
¡Ay Dios, qué bien comenzamos!
Así me dijo un portero
Cuando yo vine a buscaros,
Y aqueste saco me dio   2515
Aquel vuestro enamorado
A quien le distes las rosas
De los pies, costado y manos.
¿Qué me decís, vida mía?
¡Oh! ¡Bien haya el puro claustro   2520
Que nueve meses os tuve,
Y los pechos regalados
Donde pusistes, mis ojos,
Los corales de estos labios!
A la mu, Niño, a la muerte   2525
Por mis culpas y pecados.
Ea, ro rostro, al morir
Para que todos vivamos.
¿fuése? Pues iré tras vos;
Que por más que vais volando,   2530

2499 abuelo] *A* aguelo

Os hallaré en la custodia
Tan Dios, tan grande y tan alto.

Vase

Sale el Guardián y un refitolero

REFITOLERO   Crea vuesa reverencia
Que le digo la verdad.

GUARDIÁN   Aunque es esto caridad,   2535
Pondré pena de obediencia
     A fray Diego, que jamás
Tome el pan del refitorio.

REFITOLERO   Es esto a todos notorio.

GUARDIÁN   Yo sé que no lo hará más,   2540
     Y ya le tengo reñido;
Pero con él no aprovecha.

REFITOLERO   Yo siempre estoy con sospecha,
Siempre en vela y advertido;
     Pero él viene tan sutil,   2545
Que me toma cuanto tengo;
Por eso a quejarme vengo.

GUARDIÁN   Pues, vaya, padre fray Gil,
     A su refitorio, y calle,
Que yo reñiré a fray Diego.   2550

REFITOLERO   Por Dios, Padre, se lo ruego.

GUARDIÁN   Como culpado le halle,
     Yo le daré su castigo.

REFITOLERO   O puede también mandar
Que otro sirva en mi lugar.   2555

GUARDIÁN   Vaya, y descuide conmigo.

REFITOLERO   Si cogiese todo el pan
Ya para los Padres puesto,
O cuando viene en el cesto

2535 esto] *A* esso

| | Que del horno me le dan, | 2560 |
| | Así junto le daría. | |

Vase

GUARDIÁN	Es esa su condición.	
	Quien supiese la ocasión,	
	¿Cómo reñirle podría?	
	Envidio tanta virtud,	2565
	Tan ardiente caridad,	
	Tan pureza, tal bondad,	
	Tal silencio y tal quietud.	
	¡Oh, santísimo varón!	
	¡Qué ejemplo a todos nos das!	2570

Sale el cocinero

COCINERO	No puedo sufrirlo más.	
	Echeme su bendición	
	Vuesa reverencia luego,	
	Y en otro oficio me ponga,	
	O la cocina disponga	2575
	Sin que pueda entrar fray Diego.	

GUARDIÁN	¿Qué ha hecho?	
COCINERO	Hasta de la olla	
	Saca la vaca y carnero,	
	Y ayer me llevó un puchero	
	Que estaba con media polla	2580
	Para un enfermo, diciendo	
	Que un hombre que se moría	
	De hambre, se le pedía;	
	Y aunque fui tras él corriendo,	
	No sé por dónde se fue,	2585
	Que no le pude alcanzar.	

GUARDIÁN	Con paciencia, fray Gaspar,	
	Que yo lo remediaré.	
	Vaya con Dios; que fray Diego	
	No entrará más a enojalle.	2590

COCINERO	Es menester castigalle;	
	Esto, o que me quites ruego	
	El cargo de la cocina.	

GUARDIÁN	Yo pondré en eso remedio.	
COCINERO	Aunque pongas de por medio	
	Una pared diamantina,	
	Hallará su caridad	
	Por donde darte cuidado.	
	Mas, por más que haya tomado,	
	Nunca a la comunidad	2600
	El sustento le faltó.	

Vase

Sale Fr. Diego con una haldada de pan

FRAY DIEGO	¡Lindamente lo cogí;	
	Que al refitolero vi,	
	Y él pienso que no me vio!	
	¡Bravos panecillos van!	2605
	¡Ea, pobres de mis ojos!	
GUARDIÁN	*Deo gratias.*	
FRAY DIEGO	Hoy tengo enojos.	
GUARDIÁN	Diga, ¿dónde lleva el pan?	
FRAY DIEGO	¡Dios mío! ¿qué le diré?	
GUARDIÁN	Muestre el pan, que no es bien hecho	2610
	(Aunque conozco su pecho,	
	Y ya sus limosnas sé)	
	Que falte para el convento.	
FRAY DIEGO	Padre, ¿qué dice?	
GUARDIÁN	Descubra,	
	Que no es bien que el pan encubra	2615
	Y que nos quite el sustento.	

Descubra la falda llena de rosas

	¿Qué es aquesto?	
FRAY DIEGO	Rosas son;	
	¿No lo ve?	
GUARDIÁN	Luego, ¿no es pan?	
FRAY DIEGO	No, mi padre Guardián.	

2602 stage direction, *Fr. Diego*] *A San Diego; haldada*] *AB alda*

Guardián	¡Extraña transformación!

    2620

Fray Diego   Tome, huela ese clavel.
                    Mire, ¡qué lindo alelí!

Guardián   Vaya con Dios.
Fray Diego   ¿Cuándo fui,
                    Jesús mío, a tu verjel
                        A coger aquestas flores?   2625
                    Pero vuélvemelas pan,
                    Porque esperándome están
                    Tus convidados amores.

Vase

Guardián   ¿Qué tengo yo que pensar,
                    Si aqueste prodigio vi?   2630
                    El pan que guardó de mí
                    Le quiso Dios transformar
                        En tales flores y rosas,
                    Porque no se le quitase;
                    Quien esto viese, y dudase   2635
                    De hazañas tan milagrosas,
                        Falto sería de fe
                    Y de piadosa intención.

Sale Fr. Tomás

Fray Tomás   La mano y la bendición
                    Vuesa caridad me dé.   2640

Guardián   ¡Oh, mi padre fray Tomás!
                    Sea mil veces bien venido.
                    Diga: ¿en qué se ha detenido?

Fray Tomás   Estuve en San Nicolás,
                      Patria de nuestro fray Diego,   2645
                    Porque al venir de Sevilla
                    Pasé por aquella villa,
                    Y casi sucedió luego
                        La muerte, a que yo me hallé,
                    De su padre.

Guardián   ¿Que ya es muerto?   2650
Fray Tomás   Muy viejo y santo.

GUARDIÁN	Eso es cierto,
	Porque es muy justo que dé
	Este fruto un árbol tal.
	Mas su muerte no le diga,
	Porque no le dé fatiga;
	Que es el amor natural,
	Y podrá ser que lo sienta.

FRAY TOMÁS   Si el Padre le vio morir,
              Y como yo fue testigo,
              ¿Para qué he de darle cuenta   2660
              De aquello mismo que vio?

GUARDIÁN   ¿Qué me dice, fray Tomás?
              ¡Fray Diego en San Nicolás!
              ¡Si nunca de aquí salió!

FRAY TOMÁS   ¿Cómo no, si yo le vi   2665
              A su padre consolar?

GUARDIÁN   De que se pudo engañar
              Esté seguro de mí,
              Porque ha estado en Alcalá
              De años a esta parte.

FRAY TOMÁS   Creo   2670
              Que pudiera mi deseo
              De verle, engañarme allá,
              Si no supiera que es santo;
              Pues, Padre, crea que allí
              A fray Diego hablé y le vi.   2675

GUARDIÁN   ¿Qué dudo, si he visto tanto?
              Calle, pena de obediencia,
              Fray Tomás...

FRAY TOMÁS   Yo callaré.

GUARDIÁN   Hasta que informado esté.

FRAY TOMÁS   Yo sé que su reverencia   2680
              Hallaré que ésta es verdad.

GUARDIÁN   Digo que no lo he dudado

2682 dudado] AB dado

	Pero sé que no ha faltado
	De nuestra comunidad,
	Ni salido del convento.	2685
	Fray Nofre viene, y dirá
	Como ha estado en Alcalá.

FRAY TOMÁS   Será milagro.
GUARDIÁN   Eso siento.

Sale Fr. Alonso

FRAY ALONSO   Mande vuesa reverencia,
Padre, que luego se acueste   2690
Fray Diego, que anda muy malo
De una postema que tiene;
Que no es bien que disimule
Si está cercano a la muerte,
Como dicen los doctores.   2695

GUARDIÁN   Temí lo que le sucede,
Por no querer aguardar
A que el hierro la remedie.

FRAY ALONSO   Con el que trae ceñido
Debe de pensar que puede.   2700

Sale el portero

PORTERO   Paréceme que va aprisa
Nuestro padre.
GUARDIÁN   ¿De qué suerte?

PORTERO   Acostóse o recostóse,
Y conociendo que viene
El Señor a visitarle,   2705
Porque él lo pide y lo quiere,
Le ha dicho tan altas cosas,
Que en ellas y el accidente
Se pronostica su fin.

GUARDIÁN   Pésame que ya nos deje.   2710
Vayan, Padres, que ya voy.

FRAY TOMÁS   Yo haré que sepan, si él muere,
Cosas que admiren a España
De que tal hijo merece.

Vanse y queda el Guardián

GUARDIÁN   ¿Qué es esto, eterno Señor?   2715
                  ¡Así permites y quieres
                  Que sin los buenos quedemos!
                  Mas bien es que nos consuele
                  Tener allá quien por todos
                  Con tantos méritos ruegue.   2720

Un ángel en lo alto

ÁNGEL   Fray Juan, hoy permite Dios
                  Que desde la tierra vuele
                  Este hijo de Francisco,
                  Pobre, humilde e inocente,
                  A la silla que le aguarda;   2725
                  Y porque más te consueles,
                  Quiere que le honre el mundo,
                  Y como a santo venere.
                  En tiempo del rey Felipe,
                  Que llamarán el Prudente,   2730
                  Tendrá el príncipe don Carlos
                  Salud por Diego; que quiere
                  Hacer Dios este milagro
                  Porque esta ocasión aliente
                  A su canonización   2735
                  Prelados, ciudades, reyes
                  Y las universidades;
                  Y para que la celebre,
                  Hijo desta religión
                  Tendrá la Romana sede;   2740
                  Sixto Quinto, fraile vuestro.
                  ¡Dichosa Alcalá, que tienes
                  Tal dicha en santos varones!
                  Pero bien es que los siembres,
                  Pues te ha regado la sangre   2745
                  De dos niños tan valientes.

Vase

GUARDIÁN   Oí la voz, y no vi
                  El dueño. ¿Si fue celeste
                  Espíritu? La cortina

Corren a Diego; ya muere.   2750
Basta, que el mismo Arzobispo
Está presente a su muerte.

Fray Diego con una cruz, y alrededor sus frailes

FRAY DIEGO   Con mil abrazos y besos
Mi alma quiere abrazarte,
¡Oh, soberano estandarte   2755
Adonde viven impresos
    Los despojos de la gloria
De aquel Capitán divino
Que a abrirnos sus puertas vino
Y entramos por su vitoria!   2760
    ¡Oh, cruz mía y mi bien todo,
Agora tu favor pido!

FRAY ALONSO   ¡Qué bien, el árbol asido,
Podrá pasar deste modo,
    Padres, el golfo del mar   2765
De la muerte que le espera!

GUARDIÁN   ¡Quién por sus aguas pudiera
Tan dulcemente pasar!

FRAY DIEGO   Padres, quédense con Dios,
Y el mi padre Guardián   2770
Con los demás que aquí están.
Y vos, gran prelado, vos
    Que la silla de Toledo
Tan dignamente tenéis,
Suplícoos me perdonéis   2775
Y me bendigáis.

ARZOBISPO   No puedo
De lágrimas responder.
¡Dios te bendiga!

FRAY DIEGO   Mi Dios,
Confianza llevo en vos
Que ya nos vamos a ver.   2780
    ¡Dulce lignum, dulces clavos,
Dulcia ferens pondera,

Que sola fuiste digna
Portare regem coelorum!

Besando la cruz expiró

ARZOBISPO ¡Ya murió! 2785
GUARDIÁN   ¡Ya vive en Dios!

FRAY JUAN ¡Qué olor divino!
FRAY ALONSO   La villa
Se altera.
GUARDIÁN   No es maravilla,
Pues tal joya tiene en vos.

ARZOBISPO   Cerrad, que acude la gente.
Póngase en veneración. 2790

Sale un ciudadano y una dama

CIUDADANO Déjenle ver, que es razón.
¡Tesoro tan excelente
    Quieren, Padres, encubrir!

DAMA ¡Las puertas les romperán!

OTRA Abranos, padre fray Juan. 2795

UN HOMBRE ¡Padre fray Juan, mande abrir!

OTRO   Déjennos ver, pues es justo,
Padres, al santo fray Diego.

OTRO Si no le descubren luego,
Les han de hacer un disgusto. 2800

Sale un muchacho con su padre

PADRE   Agora puedes decir,
Aunque yo contigo vengo,
Que en fray Diego te ha faltado
Padre.
MUCHACHO   Yo se lo prometo.
No había dia ninguno 2805
Que me viese el santo lego,

2784 *Portare*] *A Portani*
2785 stage direction, *expiró*] H *espiró*

                    Que no me diese algún pan.
                    ¡Padre! ¡Ah, padre! Padre pierdo.
                    No tengo padre, ¡ay de mí!

DAMA   Su sepulcro han descubierto   2810
                    Lo más presto que han podido.
                    ....*

ORA   ¡Qué hermoso! ¡Qué lindo está!
                    ....*

OTRA   Toquemos nuestros rosarios.   2815

*Aquí se habrá descubierto, con muchas lámparas de plata, y todos los
                    Padres que puedan alrededor de él*

MUCHACHO   ¡Padre! ¡Ah, padre! ¡Ya está muerto!
                    ¡Ya no tengo padre! ¡Ah, padre!
                    ¿Y mi pan, padre fray Diego?
                    ¿Quién me le ha de dar agora?

                    Saca el brazo con una rosca, y dásela

CIUDADANO   ¡Milagro, milagro!
GUARDIÁN   ¡Ay cielos!   2820
                    ¡Pan le dio el difunto santo;
                    Que aun muerto mostró su pecho
                    Tan ardiente caridad!

MUCHACHO   Arrojado por el suelo,
                    Agradezco, padre mío,   2825
                    Tan caritativo celo.

GUARDIÁN   Pues el mar de sus milagros
                    Es tan profundo, aquí demos
                    Fin a la vida y la muerte
                    De nuestro español *San Diego*.   2830

─────────────

** faltan versos

NOTES TO THE TEXT

The following reference works occur most frequently in these notes:

Alonso, Martín. *Enciclopedia del idioma.* 3 vols. Madrid, 1958.

Bello, A y R. J. Cuervo. *Gramática española.* 21 ed. Paris, n. d.

Cervantes Saavedra, Miguel de. *Don Quijote,* ed. F. Rodríguez Marín. 10 vols. Madrid, 1947-49.

Covarrubias Orozco, Sebastián de. *Tesoro de la lengua castellana* (1611), ed. Martín Riquer. Barcelona, 1943.

Diccionario de la lengua castellana (de Autoridades, 1732), edición fac-símil. 3 vols. Madrid, 1776. (Dic. de Aut.)

Diccionario de la Real Academia Española. Madrid, 1970. (Acad.)

Fontecha, Carmen. *Glosario de voces comentadas en ediciones de textos clásicos.* Madrid, 1941.

Keniston, Hayward. *Syntax of Castilian Prose.* Chicago, 1937.

Menéndez Pidal, R. *Manual de gramática histórica española.* 11 ed. Madrid, 1962.

ACT ONE

Dramatis personae. We list only those who speak lines in the play. Printed editions only have the names for the first act, ending with *una voz.* S. GRISWOLD MORLEY and RICHARD TYLER, *Los nombres de personajes en las comedias de Lope de Vega*, 2 vols. (Valencia, 1961), II, 489-90, list all the characters in this play whether they speak lines or not.

20   *Una gorra y capa corta.* Cf. "El vestido ordinario de todo caballero era el juboncillo ajustado, de cuello rígido y alto, calzón corto, medias, la capa clásica hasta la cintura y gorra o chambergo". LUDWIG PFANDL, *Cultura y costumbres del pueblo español de los siglos XVI y XVII* (Barcelona, 1929), p. 271.

26   *limpios.* I.e., free from Jewish or Moorisch ancestry. Cf. "sangre limpia," l. 599. Farmers were secure in this belief and felt superior to the hidalgos. See AMÉRICO CASTRO, *De la edad conflictiva* (Madrid, 1961), pp. 36, 42, 161, and elsewhere.

30   *hidalgos cansados.* "...para el español de los siglos XVI y XVII, con su agudizada preocupación por todo lo que se refería al pueblo de Israel, vocablos como *cansado, muerto, viejo, cansino, traído*, podían evocar en ciertos contextos lingüísticos la imagen del odiado judío y su peligrosa fe." JOSEPH SILVERMAN, "Los 'hidalgos cansados' de Lope de Vega," *Homenaje a William Fichter*, ed. A. DAVID KOSSOFF Y JOSÉ AMOR Y VÁZQUEZ (Madrid: Castalia, 1971), pp. 698-99. Cf. ll. 118-19.

33   *Sevilla.* San Nicolás del Puerto lies 85 km from Seville and within its jurisdiction.

50   *vamos. vayamos.* The common language preserved the archaic subjunctive *vamos* and *vais* for the modern *vayamos* and *vayáis*. See R. MENÉNDEZ PIDAL, *Gramática*, 116,5; and cf. *Don Quijote*, I, 346,5. The modern imperative, *vamos*, is a survivor of this use.

62   *Puesto que. aunque.* Common usage in the seventeenth century. See BELLO-CUERVO, §1268.

69-70   *visitador... cofradía. Cofradías*, or religious brotherhoods, were lay societies which, among other duties, assisted the clergy in the preparation and execution of religious festivities. They were attached to the religious orders and were bound by vows and rules, hence the intended threat by the hidalgo. See PFANDL, *Cultura y costumbres*, pp. 147-49. Lope, along with Cervantes, Quevedo, and other distinguished writers of the Golden Age, was a member of the *Cofradía de los esclavos del Santísimo Sacramento. Cofradías* sometimes figured in plays, such as *Peribáñez*.

91   *pasos de la Pasión.* "Paso: cualquiera de los sucesos más notables de la Pasión de Jesucristo." (ACAD.)

98   *Para que no me comáis.* Another insinuation concerning the hidalgo's Jewish ancestry.

122   *retablo. escudo. Retablo* usually means an *altarpiece*, but the definition "Conjunto o colección de figuras pintadas o de talla, que representan en serie una historia o suceso," (DIC. DE AUT.) is broad enough to include the shield over the door of a nobleman's house.

124   *ejecutoria.* Letters patent of nobility.

125-28   No direct mention is made of what feast they intend to celebrate. It appears to be the spring festival in honor of the Virgin. Because of the flowers and green almonds (l. 438) the season is April or May (cf. "en esta ocasión / Mayo los campos enflora," ll. 271-72). The *regidor* boasts of his pure blood, untainted by Jewish or Moorish races, and offers as proof his slabs of bacon hanging in his hearth and ten more by the feast of St. Luke, October 18. The feast of St. Nicolás cannot be the occasion in this case, because it traditionally is celebrated on December 6. *Tocino* may mean simply any form of ham or pork. See ALONSO ZAMORA VICENTE, ed., *La dama boba (Clásicos castellanos*, 159, Madrid, 1963), p. 143, n. 44.

130   *pelones.* "Metaphoricamente se dice del que no tiene medios ni caudal; y también del que es miserable y cuitado." (DIC. DE AUT.)

144   *Cubrille.* This assimilation of *r* to *l* was common. See BELLO-CUERVO §616.

149-152   *un ancho listón / que sacar a Pedro supe, / Que trujo de Guadalupe,/ Y de oro las letras son.* A reference to the ribbons pilgrims brought back from visits to shrines. Guadalupe is a monastery-shrine in Extremadura where a sixth-century madonna is venerated. These ribbons were sometimes called *medidas*. See *La dama boba*, Act I, ll. 17-18, n. "*Medidas*, cinta que se corta igual a la altura de la imagen de algún santo, en que se suele estampar su figura y las letras de su nombre con plata u oro. Usase por devoción." (DIC. DE AUT.)

151   *trujo.* Archaic for *trajo.* See BELLO-CUERVO §558.

161   *Par Dios.* A common euphemism. See *Don Quijote*, III, 119-20, n. 21.

166   *repique.* This refers to Pascuala's playing the *panadero*, "tambourine."

169-171   *Un romance canta agora / Del moro Muza, que hará / Llorar una piedra.* Muza, with Tariq, led the Moorish invasion of Spain in 711, hence the sadness alluded to. While Muza is not a major figure in the *romances*, he is remembered in "De cómo el Rey Rodrigo perdió la batalla de Guadalete" (AGUSTÍN DURÁN, *Romancero general*, 2 vols, in BAE, 10 and 14 Madrid, 1945, I, 405, #595):

> Y más de cien mil peones
> Expertos en la milicia,
> Caudillos, Muza y Tarife,
> Dos moros de mucha estima,
> Sin otros seis mil seis cristianos...

Agora was an archaic variant of *ahora* still prevalent in the seventeenth century.

Lope remembers Muza's bravery in *La gatomaquía*:

> Un gato con capuz y caperuza
> Y no menor locura que se intente,
> No siendo Mizifuf el moro Muza,
> Tratar de desafíos.

(Silva VI, p. 76, ed. F. RODRÍGUEZ MARÍN, Madrid, 1935)

179   *Bras.* A common rustic pronunciation of *Blas*.

185   *Buena Pascua te dé Dios.* Used to wish someone good fortune, but more common in the imprecation: "¡Mala pascua te dé Dios!" as in *Peribáñez*, Act III, l. 2590 (ed. HILL AND HARLAN, *Cuatro Comedias* New York, 1941).

186   *Amor con amor se cura.* Similar to "amor con amor se paga," listed by F. RODRÍGUEZ MARÍN, *Más de 21.000 refranes* (Madrid, 1926), p. 31.

233-235 *Que si las colas de tantas / Como a los trigos echó / Sansón.* JUDGES 15: 4-6.

255-256 *Que otra vez para su boca / Hiel y vinagre traía.* MATHEW 27: 34. "And they gave him wine to drink mixed with gall; but when he had tasted it, he would not drink."

257-260 *O que la Virgen... alargando el paso.* A reference to the flight into Egypt, as in MATHEW 2: 1-15.

264-268 *De aquel mal ladrón*, etc. Luke 23: 39-43 distinguishes between the two thieves crucified with Christ. The one on the left derided Jesus, but the one on the right asked to be remembered in Paradise, which Jesus assured him would happen.

278   *hinojo. Echar hinojos* means "get on one's knees," which produces an untranslatable pun, through Diego's ingenuousness, with "rodillas" ("Knees") on the following line. *Hinojo* here is the fennel plant.

295   *vueso.* A rustic variant of *vuestro*. See R. MENÉNDEZ PIDAL, *Gramática*, 97, 1.

298   *Estábades*. For this archaic form, see BELLO-CUERVO §608.

303   *Rey de las maravillas*. Maravillas are "marigolds" in Spanish, and Christ is the "King of Marvels." Such puns are common in the *comedia*. Cf. 1. 278.

305   *rosa de Alejandría*. In his edition of Lope's *El mayor imposible* (Tucson: Univ. of Arizona Press, 1933), note to l. 73, *rosas alejandrinas* were "Damask roses" and were red.

344   *tañer*. No mention is made of what instrument this may be.

356   *me arromadizo*. "Arromadizarse: r. Contraer romadizo." To catch cold. (ACAD.)

363   Stage direction: *elevado*. Most likely on the balcony of the stage, used for such purposes. See note l. 1712.

371-72 This *redondilla* is faulty. Lope repeats the last two lines of the *seguidilla*.

379-80 Lope repeats ll. 347-78 of the *seguidilla* to complete the *redondilla*.

484   *xamuga*. A type of saddle. "Una especie de silla hecha de unos correones, y brazos de madera, a modo de los de las sillas comunes, pero son redondos, y más largos. Sirve para que las mugeres vayan con alguna conveniencia sentadas en las caballerías, afirmandola, y assegurandola sobre el albardón, u albarda." (DIC. DE AUT.)

494   *¿Vino beber e vivir?* The drinking of alcoholic beverages is strictly forbidden by Islam.

510-511 *Algún rey tan santo fuese, / Que desterrar os hiciese*. Allusion to Felipe III's edict of expulsion of the Moriscos in 1609. See the Introduction.

518   *Fernando el primero*. Fernando I was the first king of Castile (1035-65). He was successful in unifying Christian power under Castile and León and pushed the Moorish boundaries far to the south of the Iberian Peninsula.

519   *Rey Manzor*. Almanzor, "the victorious one," name of a

famous general (939-1002), but also used by many others. The name appears often in Lope's historical plays covering different periods. See S. GRISWOLD MORLEY AND RICHARD TYLER, *Los nombres de personajes en las comedias de Lope de Vega*, I, 606-07. Cf. "Almançor, Un rey moro cualquiera," Fontecha, *Glosario*.

521   *Granada*. The last of the Moorish kingdoms in Spain. It fell to the armies of Fernando and Isabel in 1492. This whole passage, ll. 505-526, associates Felipe III with Fernando I and the Catholic Monarchs as heroes against the Moors.

537   *Dos cuartos*. A *cuarto* was a copper coin worth four *maravedís de vellón*.

554   *vais*. For *vayáis*. See note, l. 50.

580   *gañifa*. For *engañifa*, "deceit or trick."

594   *galgos*. The Christians customarily insulted Moors by calling them *perros* or *galgos*. Cf. Lope's *El remedio en la desdicha*, ed. J. GÓMEZ OCERÍN y R.M. TENREIRO (Madrid, 1920), I. 541.

626   *La calor*. This word was both masculine and feminine in the seventeenth century.

631   *merdolaga*. For *verdolaga*, or purslane, a common yellow-flowered species of *portulaca*. The humor of confusing *merdolaga* and *verdolaga* is obvious and typical of this Morisco gracioso.

660   *Con tres votos*. The vows of poverty, chastity, and obedience taken in religious orders.

671   *Tengo de*. For *tener que* to express determination, see BELLO-CUERVO §709.

677   *El maniana de San Joan*. June 24. The feast of St. John was the occasion of many popular festivities in Spain in several other European countries. Cf.
      En mañana de San Juan
      Nunca más placer me hicieron
      la verbena y arrayán.
              (*Peribáñez*, ed. HILL AND HARLAN, p. 24.)

In many of Lope's plays, Moors celebrate the feast of St. John:

HAMETILLO   Para el noche venturosa
del celebrado Bautista,
brofeta de vuestra ley,
y de nuestra alegría.
(*El cordobés valeroso Pedro Carbonero*, ed. JOSÉ F. MONTESINOS [Madrid, 1929], ll. 281-84.)

ABEMBUCAR   Bien merece este Baptista
que el mundo sus glorias cante.
Fue gran profeta de Cristo,
y allá piensan los cristianos
que es con nosotros malquisto,
y adorémosle, africanos,
esclavos, como habéis visto.
(*El último godo*, ACAD. VII, 78.)

690   *cañizas*. An apparent reference to *juegos de cañas*, a game in which armored horsemen tilted with blunted reed spears, as described in Castiglione's *The Book of the Courtier*.

691   *El Maestre de Santiaguas*. For "El maestre de Santiago," Grand master of the Military Order of Santiago, founded in the Middle Ages to combat the Moors.

696   *alcatifa*. "Tapete o alfombra fina." (ACAD.)

708   *Borrique*. Alí comically confuses don Enrique with *borrico*, "an ass or stupid person."

711   *el galgo*. Hunter number 2 alludes to Alí.

717   *vuesa caridad. Caridad* is a form of address in certain religious orders. For *vuesa*, see note l. 295.

718   *St. Bernardin of Siena* (1380-1444) was a famous Franciscan preacher. He was canonized in 1445, one year after his death.

754   *indino*. Popular for *indigno*.

774   *Hirió a Francisco el costado*. An allusion to the stigmata, that is, the marks on the hands, feet, and side that Christ had after his crucifixion. Cf. ll. 2616-18.

786   *via. veía.* See BELLO-CUERVO §585.

825   *Pedro y Andrés.* These two apostles were crucified.

843-844   *ni cosa hacer / Que no sea por la posta. Cosa* had negative
           force. *Por la posta* means immediately. See FONTECHA,
           Glosario, p. 291.

863-867   *Guzmanes... / como vienen de Bueno.* The aristocratic
           family name of Guzmán is believed to come from the
           Visigothic equivalent of "good man." Cf. "Guzmán.
           Nombre de casas muy ilustres en Castilla; parece aver
           traydo origen de Alemania, porque la lengua de aquel
           país *goudman* o *gousman* vale tanto como buen hombre"
           (COVARRUBIAS). In his novel, *Guzmán el bravo*, Lope
           stated: "En una de las ciudades de España, que no
           importa a la fábula su nombre, estudió desde sus tiernos
           años don Felis, de la casa ilustrísima de Guzmán, y que
           en ninguna de sus acciones degeneró jamás de su limpia
           sangre. Hay competencia entre los escritores de España
           sobre este apellido, que unos quieren que venga de Ale-
           mania, y otros que sea de los godos, procedidos de este
           nombre "Gundemaro." *Novelas a Marcia Leonarda*, ed.
           FRANCISCO RICO (Madrid: Alianza, 1968), p. 144.

893   *Christus.* It is impossible to correspond directly in En-
           glish these letters in Spanish.

914   *Teos. Theos*, the Greek word for *God.*

926   *lición.* Archaic for *lección*, but still very common in the
           seventeenth century. The *Diccionario de Autoridades*
           (1732), under *lección*, still could state: "Algunos dicen
           Licion." For further examples, see FONTECHA, *Glosario*.

ACT TWO

949   *No os espantéis.* "Don't be surprised." Cf. *Don Quijote*,
           III, 9, 9: "Espantáronse todos los de la venta de la hermo-
           sura de Dorotea."

955   *Puesto que.* For *aunque*. See note, 1. 62.

969   *nueso.* Like *vueso*. See note, 1. 295.

971   *Cazalla y Constantina.* Cazalla de la Sierra is located about 15 km southwest of San Nicolás del Puerto, and Constantina about 15 km to its south.

995   A erroneously repeats ESTEBAN as speaker of these lines.

1029-1030   *"De falsa mula y mujer, / Ni fiar ni confiar.* Cf. "Mula falsa y mujer bonita, son cosas muy parecidas." F. RODRÍGUEZ MARÍN, *Más de 21000 refranes,* p. 314.

1072   *eternamente.* "Never." A common acceptation. Cf. *El mayor imposible,* ed. JOHN BROOKS, l. 220, p. 144.

1130   *Un sabio.* A common practice in the *comedia* was to attribute to some sage anonymous saying without having any particular name in mind. Cf. *Las almenas de Toro,* ed. cit., ll. 1920-22; *El sembrar en buena tierra,* ed. W.L. FICHTER (New York, 1943), note, pp. 193-94; Calderón's *No siempre lo peor es cierto,* in *Cuatro comedias,* ll. 1410-13, note.

1265   *el planeta mayor.* The sun.

1307   *El canario.* "El pueblo guanche era aficionado a las danzas, las cuales se ejecutaban en sus fiestas casi como un ritual sagrado. Su baile favorito era el tajaraste, que se conserva aún y que tan famoso fue en todo el mundo con el nombre de 'El canario'." ALFREDO REYES DARIAS, *Las canarias occidentales, Tenerife, La Palma, La Gomera, El Hierro* (Barcelona: El Destino, 1869), p. 74.

1318   *el rey Enrique.* This could refer to Enrique IV of Castile, who reigned 1454-1474. The king during San Diego's missionary works in the Canary Islands, however, was Juan II of Castile, 1406-1454, Enrique's father.

1358   *Bárbaro.* We learn in l. 1371 that his name is Minodante.

1430   *Veinticuatro.* A magistrate in Seville. In this case, it is Enrique de Guzmán, who hired Alí in ll. 700-704.

1447   *¡Oste poto!* For *Oxte puto,* a strong expletive. See *Don Quijote,* IV, 211, 3. ·

1475   *Zamudio.* For *Guzmán.*

1606-1607   *Apóstol me parece, / Pues de lenguas el cielo le enriquece.*
             Diego learned to speak the languages of the Canaries and
             appears like one of the apostles who were endowed with
             the gift tongues by the Holy Spirit at Pentecost. See Acts
             2: 1-13.

1638-1641   *O mejor que Israel en Dios confíe.* God fed the children
             of Israel in the desert with manna from heaven. Exodus
             16: 3-36.

1683   *Y a los leones de la inculta Albania.* Cf.

             > O leon de Albania fiero
             > de quien dizen que en su cueva
             > duerme los ojos abiertos.
             >   (*El mayor imposible*, ed. cit., 425-27.)

             Lope drew his misinformation from Herodotus, Pliny,
             and Aristotle, common sources of authority at the time.

1712   Stage direction. *Descúbrese un horno.* Devices of this
             type were normally placed at the back of the stage and
             equipped with moveable doors. Scenery, stage devices,
             pulleys, trap doors, and other staging facilities are studied
             by N.D. SHERGOLD in his chapter, "The Staging of the
             Comedia, 1604-1635," *A History of the Spanish Stage*,
             pp. 209-35.

1773   *zancarrón.* "Zancarrón de Mahoma. Llaman por irrision
             los huessos de este falso Propheta, que van a visitar los
             moros a la Mezquita de Meca." (DIC. DE AUT.)

1815   *este convento.* Nuestra Señora de Loreto.

1864   *Guanchos.* The *guanches*, the native inhabitants of the
             Canary Islands.

1870-1871   *la tercera [región].* In the Ptolomaic system, an upper
             region. Cf. Don Quijote and Sancho riding Clavileño:
             "Sin duda alguna, Sancho, que ya debemos de llegar a la
             segunda región del aire, adonde se engendra el granizo o
             las nieves; los truenos, los relámpagos y los rayos se
             engendran en la tercera región." *Don Quijote*, VI, 211.
             Also see RODRÍGUEZ MARÍN'S note to *La gatomaquia*,
             Silva VII, pp. 225-26.

1880-1882   *Con el padre fray Alonso / De Castro, porque allá traten / Lo que verán, por escrito.* Fray Alonso will accompany Fray Diego, because the latter is illiterate and cannot write the report.

ACT THREE

1888   *estudiantes.* While the famous Renaissance university at Alcalá de Henares did not hold classes until 1508, the *Estudio General*, founded by Sancho IV in the thirteenth century, functioned in the time of San Diego.

2020-2023   *he estado en Argel, / En La Mancha, en Roma, en Troya, en Galicia y en Saboya, / en Sanlúcar y en Daimiel.* The soldier's claim to military service in many parts of the world is a curious medley of different times and places. Because of his similarity with Cervantes, this whole scene seems to be a satire of Cervantes's boasting in the prologue of *Las novelas ejemplares*. See the discussion in the Introduction.

2029   *Muéleste.* "Bother" is a common acceptation of *moler*.

2034   *Alborotaré la boda? Boda* can mean "comida de mediodía." See MARTÍN ALONSO, *Enciclopedia del idioma*.

2041   "*Mentís.*" These words are a challenge to a duel, which make this even more ludicrous.

2164   *mi yugo es suave.* Cf. MATHEW 11: 30, "porque mi yugo es suave, y ligera mi carga," ("For my yoke is easy, and my burden is light.")

2182   *diez llagas.* Another allusion to the stigmata of St. Francis and to Christ's wounds.

2184   A *quintilla* is formed by ll. 2184-2188. Perhaps because of a deletion or an error of a copyist, l. 2184 is defective in rhyme.

2198   *¿a dó bueno?* "¿A dónde *bueno?* o ¿a qué *bueno?* Modos de hablar con que se pregunta a alguno a qué lugar, o parte se encamina, y qué fin le trahe." (DIC. DE AUT.). *Do* was a common variant of *donde*, limited today to poetry. See BELLO-CUERVO §394.

2232   *diamante*. Adamant. It was believed that blood could
            soften a diamond. See *El mayor posible*, note, l. 930.

2243   Stage direction. *Vaya subiendo con música por la cruz a
            lo alto elevado*. As in other *comedias de santos*, this was
            accomplished either by raising the actor by a pulley to
            the upper part of the gallery, or by having him simply
            ascend a ladder or stairs. See note, l. 1712.

2269   *menos me echarán*. *Echar menos* for *echar de menos*,
            "to miss someone or something," was standard usage
            through the eighteenth century.

2305   *Santo Tomás*. St. Thomas of Aquinas, the great Domini-
            can theologian of the thirteenth century, author of the
            Summa theologica. Lope, indeed, seemed to have Ques-
            tion 51, Article 2, before him when he wrote ll. 2339-44.

2308-2309   *Alejandro de Alaes*. Alexander of Hales, "The father of
            Franciscan Schoolmen," was an outstanding Franciscan
            scholar and teacher of the thirteenth century. He dedica-
            tes considerable space to the question of angels and their
            ability to assume corporeal form. See ALEXANDER DE
            HALES, *Summa Theologica*, 5 vols (Florence: Ex Typo-
            graphia Collegii S. Bonventurae, 1927), II, Inq II, Tract.
            III, Sect II, Quaest II Tit II, 238-47, "De motu angeli
            assumpto corpore."

2310   *San Buenaventura*. St. Bonaventure, another outstan-
            ding Franciscan scholar and teacher of the thirteenth cen-
            tury, deals with angels in his *Breviloquium*, II, caps. 6-8.
            See *Works of Bonaventure*, trans. JOSÉ DE VINCK (Patter-
            son, N. J.: St. Anthony's Press, 1963), pp. 86-92.

2311   *Escoto*. John Duns Scotus. Another thirteenth-century
            theologian and Franciscan monk. He discusses angels in
            De rerum principio,Quaestio VII, articulus II.

2332-2332   *utrum angeli / Possunt assumere corpora*. "Whether
            angels can assume bodies.

2339-2341   *Tres ángeles... / Isac*. GÉNESIS 18: 1-10.

2342-2343   *Dos a Lot ... / Sodoma*. GÉNESIS 19: 1-13.

2344-2345   TOBÍAS... / ángel fue. TOBIAS 5:5.

2346-2347   Y San Lucas... / Virgen. LUKE 1: 26-28. *Que entró el
             ángel a la Virgen: Que entro el ángel a [donde estaba] la
             Virgen.* "y entrando donde ella, dijo: 'Dios te salve, llena
             de gracia, el Señor es contigo'".

2350-2351   *¿Dic, Pater, et possunt mali / Assumere corpus?* "Tell me,
             Father, can [bad] angels assume a body?"

2375-2380   See *Summa Theologica* of St. Thomas, Question 5, Art.
             2, Reply to Obj. 1.

2390   *ellos acaben.* I.e. the theologians.

2427   *¿Adónde está fray Diego? Adonde* was an archaism for
             donde still prevalent in Lope's time. See BELLO-CUERVO
             §398.

2502   Stage direction. *De una invención.* Lope does not specify
             how this is to be done, but of course the easiest way
             would be lower a small statue from above. See note, l.
             1712.

2516-2518   *Aquel vuestro enamorado.* St. Francis and the wounds of
             the stigmata.

2529   A stage direction is missing here which would indicate
             the removal of the image of the Child Jesus.

2530   *vais.* For *vayáis.* See note, l. 50.

2577-2578   *Hasta de la olla / Saca la vaca y carnero.* From RODRÍ-
             GUEZ MARÍN'S extensive entry in his edition of *Don Qui-
             jote,* we extract the following: "La buena olla se hacía con
             vaca y carnero, y decíalo un refrán: 'vaca y carnero, olla
             de Caballero'; bien que COVARRUBIAS (*Tesoro...,* artí-
             culo *carnero*) añade: 'Debía ser en el tiempo que no se
             usaba el manjar blanco, ni tortas reales'. Aun así, el
             Hidalgo de CERVANTES comía su olla *de algo más vaca
             que carnero*; esto es, tirando a gastar poco, como hombre
             de moderada hacienda. Etc." *Don Quijote,* I, 75.

2650   *¿Que ya es muerto?* The use of *ser* as the auxiliary of cer-
             tain verbs persisted in Lope's time. See KENISTON 33.82.

2653   *Este fruto un árbol tal.* Cf. "Tal árbol, tal fruto," as re-
             corded by SBARBI, *Diccionario,* I, 63; and F. RODRÍGUEZ
             MARÍN, *21000 refranes más,* p. 477.

2708   *accidente*. His illness. See note by JOHN BROOKS, *El ma-yor imposible*, ll. 507-08.

2721   Stage direction. *Un ángel en lo alto*. This angel appears in the upper part of the gallery, perhaps surrounded by a cardboard cloud to give the appearance of a celestial being. See note, l. 1712.

2729-2741   *En tiempo del rey Felipe / .../ Tendrá el príncipe don Car-los / Salud por Diego...* The illness alluded to occurred in 1562. The embalmed remains of Friar Diego were placed beside the ailing prince, who had been injured in a fall while living in Alcalá. The subsequent improvement in his health was considered one of the miracles presented as evidence for the canonization of San Diego in 1588. Don Carlos was the son of Felipe II, who expedited the process. Sixtus V, a Franciscan, was pope at the time.

2742-2746   *¡Dichosa Alcalá, que tienes / Tal dicha en santos varones! / Pero bien es que los siembres, / Pues te ha regado la san-gre / De dos niños tan valientes*. Saints Justo and Pastor, patron saints of Alcalá de Henares, who were decapitated for their faith in 340 and whose remains are kept under the main altar in a shrine in the Iglesia Magistral (also called San Justo). The church is built on the site of their martyrdom. The remains of San Diego are located in a chapel in the same church. See FEDERICO SAINZ DE ROBLES, *Crónica y Guía de la provincia de Madrid* (Madrid: Espasa-Calpe, 1966), 416-17.

2781-2784   *¡Dulce lignum, dulces clavos, / Dulcia ferens pondera .../ Portare regem coelorum*. "Sweet wood, sweet nails, carrying sweet things, [You alone are worthy] of bearing the king of heaven."

2820   Stage direction. *rosca*. A roll of bread.

BIBLIOGRAPHY

ADAIR, Etta Florence. "'San Diego' Means 'St. Didacus,' not 'St. James,' Research Reveals." *San Diego Union*, Nov. 15, 1942.

ALEXANDER DE HALES. *Summa theologica*. 5 vols. Florence, 1927.

ALONSO, Martín. *Enciclopedia del idioma*. 3 vols. Madrid, 1958.

AMEZÚA, A. de. *Epistolario de Lope de Vega*. 4 vols. Madrid, 1935-43.

AQUINAS, St. Thomas. *Basic Writings*. 2 vols. New York, 1944.

BELLO, A. y R. J. CUERVO. *Gramática española*. 21a ed. Paris, n. d.

BERSHAS, Henry. "Lope de Vega and the Post of Royal Chronicler." *Hispanic Review*, 31 (1963), 109-17.

BONAVENTURE, St. *Works*, trans. José de Vinck. Patterson, N.J., 1963.

CARRASCO URGOITI, M.S. *El moro de Granada en la literatura del siglo XV al XVII*. Madrid, 1956.

CASE, Thomas E. *Las dedicatorias de Partes XIII-XX de Lope de Vega*. Valencia, 1975.

—— "Lope's 1613 Answer to Cervantes." *Bulletin of the Comediantes* 32 (1980), 125-29.

—— "El morisco gracioso en el teatro de Lope." *Lope de Vega y los orígenes del teatro español*. Ed. M. CRIADO DE VAL. Madrid, 1981.

—— "The Significance of Morisco Speech in Lope's Plays." *Hispania*, 61 (1982), 594-99.

CASTRO, Américo. *De la edad conflictiva*. Madrid, 1961.

CERVANTES SAAVEDRA, Miguel de. *Novelas ejemplares*, ed. R. SCHEVILL y A. BONILLA, 3 vols. Madrid, 1922.

—— *Don Quijote*, ed. F. RODRÍGUEZ MARÍN. 10 vols. Madrid, 1947-49.

CETINA, Melchor de. *Discursos sobre la vida y milagros del glorioso padre San Diego, de la orden del seráfico padre S. Francisco*. Madrid, 1609.

COVARRUBIAS OROZCO, Sebastián de. *Tesoro de la lengua española* (1611), ed. MARTÍN DE RIQUER. Barcelona, 1943.

DARIAS, Alfredo Reyes. *Las Canarias Occidentales, Tenerife, La Palma, La Gomera, El Hierro*. Barcelona, 1969.

Diccionario de la lengua castellana (DE AUTORIDADES, 1732), edición facsímil. 3 vols. Madrid, 1776.

Diccionario de la REAL ACADEMIA ESPAÑOLA. Madrid, 1970.

DÍEZ BORQUE, José María. *Sociología de la comedia española*. Madrid, 1976.

DURHAM, Lee Ann. "The Black, the Moor, and the Jew in the *Comedia* of Lope de Vega." Unpublished Doctoral Dissertation, Florida State University, 1974.

ELLIOTT, J.H. *Imperial Spain*. New York, 1963.

FONTECHA, Carmen. *Glosario de voces comentadas en ediciones de textos clásicos*. Madrid, 1941.

FORASTIERI, Eduardo. *Aproximación estructural al teatro de Lope de Vega*. Madrid, 1976.

FORBES, William F. "The 'Gracioso': toward a Functional Re-evaluation." *Hispania*, 61, No. 1 (March, 1978), 78-83.

GRILLPARZER, Franz. *Sämtliche Werke*. 23 vols. Vienna: Anton Schroll, 1937.

HAYES, Francis. *Lope de Vega*. New York, 1967.

HERRERO GARCÍA, Miguel. *Ideas de los españoles del siglo XVII*. Madrid, 1966.

HUBER, Raphael M. *A Documented History of the Franciscan Order*. Milwaukee, 1944.

IDE, Arthur Frederick. "San Diego, the Saint and the City." *Journal of San Diego History*, 22, No. 4 (1976), 21-25.

KAMEN, Henry. *The Spanish Inquisition*. New York, 1965.

KENISTON, Hayward. *Syntax of Castilian Prose*. Chicago, 1937.

LABIB, Gisela geb. Reupcke. *Der Maure in dem dramatischen Werk Lope de Vega's*. Hamburg, 1961.

LEA, Henry Charles. *The Moriscos of Spain*. London, 1901; reprint, New York, 1968.

MARÍN, Diego. *Uso y función de la versificación dramática en Lope de Vega*. Valencia, 1968.

MATA, Gabriel de. *Vida, muerte y milagros de S. Diego de Alcalá en octava rima*. Alcalá de Henares, 1589.

MENÉNDEZ PIDAL, Ramón. *Estudios literarios*. Madrid, 1925.

—— *Manual de gramática histórica española*. 11a ed. Madrid, 1962.

MERCER, John. *Canary Islands: Fuerteventura*. Plymouth, 1973.

MILLARES TORRES, Agustín. *Historia general de las Canarias*. La Habana, 1945.

MORÍNIGO, Marcos. "El teatro como sustituto de la novela en el Siglo de Oro." *Revista de la Universidad de Buenos Aires*, 3 (1957), 41-61.

MONTESINOS, José F. *Estudios sobre Lope*. 2a ed. Salamanca, 1967.

MORLEY, S. Griswold and Courtney BRUERTON. *Cronología de las comedias de Lope de Vega*, trans. María Rosa Cartes. Madrid, 1968.

—— "How Many *Comedias* did Lope de Vega Write?" *Hispania*, 19(1936), 217-34.

MORLEY, S. Griswold and Richard TYLER. *Los nombres de personajes en las comedias de Lope de Vega*. 2 vols. Valencia, 1961.

PAYNE, Stanley. *History of Spain and Portugal*. 2 vols. Madison, 1973.

PFANDL, Ludwig. *Cultura y costumbres del pueblo español en los siglos XVI y XVII*. Barcelona, 1929.

PRESCOTT, William H. *History of the Reign of Philip the Second King of Spain*. 2 vols. Boston, 1855.

REA, Morena de la. *Vida de fray San Diego*. Cuenca, 1602.

REGLÁ, Juan. *Estudios sobre los moriscos*. Valencia, 1964.

RENNERT, Hugo, and Américo CASTRO. *Vida de Lope de Vega*. 2a ed. Salamanca, 1968.

RESTORI, Antonio, "Sonetti dimenticati di Lope de Vega." *La Rassegna*, 34 (1926), 161-69.

RODRÍGUEZ MARÍN, F. *Más de 21000 refranes*. Madrid, 1926.

SAINZ DE ROBLES, F. *Crónica y guía de la provincia de Madrid*. Madrid, 1966.

SALOMON, Noël. *Recherches sur le thème paysan dans la "comedia" au temps de Lope de Vega*. Bordeaux, 1965.

SBARBI, José María. *Diccionario de refranes, adagios, proverbios, modismos, locuciones y frases proverbiales de la lengua española*. 2 tomos. Madrid, 1922.

SCHACK, Adolfo Federico, CONDE DE. *Historia de la literatura y del arte dramático en España*. 5 vols. Madrid, 1885-87.

SCHAEFFER, Adolf. *Geschichte des Spanischen Nationaldramas*. Leipzig, 1890.

SCHEVILL, Rudolph. "Lope de Vega and the Year 1588." *Hispanic Review*, 9 (1941), 65-78.

SHERGOLD, N.D. *A History of the Spanish Stage*. Cambridge, 1968.

SILVERMAN, Joseph. "Los 'hidalgos cansados' de Lope de Vega," in *Homenaje a William Fichter*, ed. A. David KOSSOFF y José AMOR y VÁZQUEZ. Madrid, 1971.

—— "Cultural Backgrounds of Spanish Imperialism as Presented in Lope de Vega's Play *San Diego de Alcalá*," *The Journal of San Diego History*, 22, No. 1 (Winter, 1978), 7-23.

SLOMAN, Albert. "The Phonology of Moorish Jargon in the Works of Early Spanish Dramatists and Lope de Vega." *Modern Language Review*, 44 (1949), 207-17.

TERNI, Elisa Aragone. *Studio sulle "Comedias de santos" di Lope de Vega*. Firenze, 1971.

TICKNOR, George. *History of Spanish Literature*. 6th ed. 3 vols. New York, 1965.

VEGA CARPIO, Lope Félix de. *Obras escogidas*, ed. J. HARTZENBUSCH, in *Biblioteca de Autores Españoles*, vols. 24, 34, 38, 42, and 52.

—— *Obras de Lope de Vega publicadas por la Real Academia Española*, ed. and "Observaciones preliminares" de M. MENÉNDEZ y PELAYO. 15 vols. Madrid, 1890-1913.

—— *El remedio en la desdicha*, ed. J. GÓMEZ OCERÍN y R. M. TENREIRO. Madrid, 1920.

—— *La gatomaquia*, ed. F. RODRÍGUEZ MARÍN. Madrid, 1935.

—— *Barlaán y Josafat*, ed. José F. MONTESINOS. In *Teatro Antiguo Español VIII*. Madrid, 1935.

—— *El cordobés valeroso Pedro Carbonero*, ed. José F. MONTESINOS. In *Teatro Antiguo Español VII*. Madrid, 1929.

—— *El mayor posible*, ed. John BROOKS. Tucson, 1933.

—— *Peribáñez*, in *Cuatro Comedias*, ed. John M. HILL and Mabel M. HARLAN. New York, 1941.

—— *La dama boba*, ed. Alonso ZAMORA VICENTE. *Clásicos castellanos*, 159. Madrid, 1963.

—— *Novelas a Marcia Leonarda*, ed. Francisco RICO. Madrid, 1968.

—— *El arte nuevo de hacer comedias*, ed. Juana de JOSÉ PRADES. Madrid, 1971.

—— *Las almenas de Toro*, ed. Thomas E. CASE. Chapel Hill, 1971.

VIERA Y CLAVIJO, José de. *Noticias de la historia general de las islas Canarias*. 3 vols. Santa Cruz de Tenerife, 1950.

VILLAREJO, Oscar M. "Revisión de las listas de 'El Peregrino' de Lope de Vega." *Revista de Filología Española*, 46 (1963), 343-99.

WALSH, William T. *Philip II*. London, 1937.

ZAMORA VICENTE, Alonso. *Lope de Vega*. 2a ed. Madrid, 1971.